William Löbe

Die landwirtschaftliche Arbeiterfrage

William Löbe

Die landwirtschaftliche Arbeiterfrage

ISBN/EAN: 9783743339156

Hergestellt in Europa, USA, Kanada, Australien, Japan

Cover: Foto ©Suzi / pixelio.de

Manufactured and distributed by brebook publishing software
(www.brebook.com)

William Löbe

Die landwirtschaftliche Arbeiterfrage

Die

[...]ftliche Arbeiterfrage.

Von

Dr. William Lö[...]

[...]akteur der Illustrirten Landwirthschaf[...]

Leipzig, 1873.

Verlag von Heinrich Schmidt,

Buchhandlung für Forst- und Landwirthschaft.

Inhaltsverzeichniß.

Einleitung.

Die landwirthschaftliche Arbeiterfrage hat in unsern Tagen eine Bedeutung erlangt, wie früher nie; sie ist zu einem volks- und staatswirthschaftlichen Problem geworden, dessen Lösung noch anzustreben ist. Hierzu sind alle Kräfte berufen, welche ein Verständniß von der Sache und ein Herz nicht nur für die bedrängten Arbeitgeber, sondern auch für die zum Theil wirklich im Nothstande lebenden, zum Theil irregeführten Arbeiter haben.

Auch der Verfasser wird gegenwärtig wieder sein Scherf- lein zur Lösung dieser hochwichtigen und brennenden Tages- frage beitragen, nachdem er sich schon vor länger als 25 Jahren mit der Hebung der Arbeiter in intellektueller, sittlicher und materieller Hinsicht in selbstständigen Schriften und Zeit- schriften*) wiederholt und nicht ohne Erfolg beschäftigt hat.

Leicht ist freilich eine solche Aufgabe nicht; sie setzt vor Allem voraus genaue Kenntniß der Ursachen der in Rede

---

*) „Das Musterdörfchen." 2 Bde. Dresden u. Leipzig, 1846 u. 47.

„Dorfgeschichten u. Lebensbilder." 4 Bändchen. Berlin, 1859—63.

„Deutsche Vierteljahrsschrift." Stuttgart, 1852 u. f.

„Das Dienstbotenwesen unserer Tage." Gekrönte Preisschrift. Leipzig, 1855.

1

stehenden Frage — wobei selbstverständlich nicht blos die Gegen=
wart, sondern auch und ganz besonders die Vergangenheit zu
berücksichtigen ist — und der dabei in Betracht kommenden
Kreise, sowie die Erfassung der richtigen Wege und Mittel zur
Hebung der fraglichen Kalamität. Wenn aber auch jene
Kenntniß vorhanden ist und diese Wege und Mittel aufge=
funden werden, so darf man doch nicht eine sofortige Heilung
des Uebels erwarten; denn einestheils hat dasselbe zu große
Dimensionen angenommen und sich zu tief eingefressen, andern=
theils befinden sich unter den Mitteln der Abhilfe solche, welche,
auf die Bildung der nächsten Generationen berechnet, erst in
der Zukunft wirken können. Es ist indeß schon viel gewonnen,
wenn die betreffende Frage für die nächste Zukunft auch nur
einseitig gelöst wird.

Ursachen der Arbeiter-Agitationen.

Die Arbeiter = Misère ist nicht plötzlich hereingebrochen,
sondern sie hat sich im Laufe der Zeit entwickelt, und zwar
nicht lediglich auf fribole Weise von Seiten der Arbeiter, son=
dern auch aus den Unterlassungssünden der Arbeitgeber, dem
mangelhaften Schulunterricht, den mancherlei veralteten staat=
lichen Einrichtungen und einer übereilten Gesetzgebung.

Die Arbeiter sind in früheren Zeiten von Seiten der
Arbeitgeber vielfach nicht nur unwürdig behandelt, sondern
auch übervortheilt und bis auf das Blut gedrückt worden. In
letzterer Beziehung erinnere ich nur an das sog. Trucksystem.
Haben sich dasselbe hauptsächlich auch die Fabrikherren und
noch mehr deren Beamte, die Faktore, zu Schulden kommen

lassen, so darf doch nicht geleugnet werden, daß in dieser Be=
ziehung auch nicht wenige Landwirthe gesündigt haben, wenn
schon nicht in dem Maße wie die Fabrikanten. Jener Zeiten
dieses wahrhaft schauderhaften Trucksystems werden sich ältere
Personen noch genau erinnern und wissen, welche Folgen das=
selbe für die armen Arbeiter hatte. Während unter diesem
System die Arbeitgeber zu Reichthum gelangten, lebte der Ar=
beiter in der drückendsten Noth; er war der Sclave der Ar=
beitgeber und der Beamten derselben, er vermochte, trotz der
angestrengtesten Arbeit, für sich und seine Familie kaum so
viel zu erwerben, um den Hunger zu erwehren. Wenn auch
die Arbeiter diese Mißhandlung Jahre lang ruhig ertragen
haben, so ist aber in ihnen der Haß gegen die Arbeitgeber ge=
nährt und groß gezogen worden und er hat sich fortgeerbt von
dem Großvater auf den Vater, von diesem auf den Sohn, bis
er endlich in unsern Tagen zur hellen Flamme aufgelodert ist.
Was die Vorfahren gesäet, das ernten nun die Nachkommen.

Aber nicht blos die geflissentliche Berückung der Arbeiter
von Seiten früherer Arbeitgeber hat die heutigen Arbeiter=
zustände mit hervorgerufen, sondern es hat dazu auch wesentlich
mitgewirkt die mangelhafte Bildung der Arbeiter infolge eines
ungenügenden Schulunterrichts in der früheren Zeit. Jedoch nicht
diese allein ist in dieser Beziehung anzuklagen, auch der heu=
tige Schulunterricht ist der Zeit, in welcher wir leben, in vielen
Stücken nicht angemessen und verlangt dringend eine Reform,
damit die Jugend intelligenter und auf Grund einer höheren
Intelligenz gesitteter und verständiger wird. Es ist dies das
Hauptfundament, auf welchem der Bau errichtet werden muß,
wenn andere Bestrebungen zur Besserung der Lage der Ar=
beiter ihre Früchte tragen sollen.

1 *

Auch die gutsherrliche Polizeiverwaltung, wie sie zur Zeit noch in Mecklenburg und den nördlichen Provinzen Preußens besteht, hat die Arbeiter=Misère insofern mit groß gezogen, als die Ausübung jener Gewalt in vielen Fällen nicht nach Recht und Gesetz, sondern lediglich nach Willkür geschieht, als die ihr unterworfenen Menschen aus den unteren Schichten der Gesellschaft sehr oft auf die unwürdigste Weise behandelt werden.

Nächstdem hat zu der gegenwärtigen Arbeiter=Misère, namentlich dem Arbeitermangel, der Umstand wesentlich beige= tragen, daß sich der Arbeiter so selten in den ersehnten Besitz eines kleinen Grundeigenthums zu setzen vermag. Die Folge davon ist eine von Jahr zu Jahr mehr anwachsende Auswan= derung, welche insbesondere von den landwirthschaftlichen Arbeitgebern sehr schmerzlich empfunden wird. Da Deutschland unzweifelhaft für viele Kräfte Gelegenheit zu lohnender Thä= tigkeit und insbesondere auch zur Erwerbung von Grundbesitz darbietet, so folgt daraus für jeden, der es mit der kräftigsten Entwickelung des Vaterlandes wohl meint, die Verpflichtung, Alles anzuwenden, um diejenigen Kräfte dem deutschen Reiche zu erhalten, welche innerhalb desselben eine wirklich lohnende Thätigkeit finden. Dazu gehört vor Allem, daß dem Arbeiter Gelegenheit geboten wird, sich auf nicht unschwere Weise einen kleinen Grundbesitz erwerben zu können.

Nicht minder war und ist es eine übereilte Gesetzgebung, welche die unerquicklichen heutigen Arbeiterzustände wesentlich begünstigt hat. Man hat mit dieser Gesetzgebung der Freiheit eine Gasse bauen wollen, aber nicht bedacht, daß unsere Ar= beiter für gewisse Freiheiten noch nicht reif genug sind; die= selben hätten erst dafür erzogen werden müssen. Ich erinnere nur an die Koalitionsfreiheit der Arbeiter, welche die auf der Tagesordnung befindlichen Streike hervorgerufen hat. Auch die bedingungslose Freizügigkeit ist für den landwirthschaft= lichen Arbeitgeber zum Unsegen geworden, indem dieselbe Ent= völkerung des platten Landes und Ueberbölkerung der Städte zur Folge gehabt hat und in dieser Weise noch immer fort= wirkt.

Endlich sind es die gewerbsmäßigen Agitatoren, welche in nicht geringem Maße die heutigen Arbeiterverhältnisse ge= flissentlich hervorgerufen haben. Sie sind zum größten Theil arbeitsscheue, verkommene, mit einem guten Mundwerk ver= sehene Subjekte, welche auf Kosten der Arbeiter nicht nur ihr engeres Heimatsland, sondern das ganze deutsche Reich bereisen, die Arbeiter zur Unzufriedenheit mit den bestehenden Zuständen aufstacheln, ihnen Versprechungen machen, welche nie zu er= reichen sind, geradezu Revolution predigen. Man muß sich in der That wundern, daß von Staatswegen verhältnißmäßig so wenig gegen diese Apostel des Socialismus und Kommunismus geschieht, und es offen aussprechen, daß, so lange diesen Agitatoren das Handwerk nicht gelegt wird, an eine Besserung der gegenwärtigen Arbeiterzustände vorerst nicht zu denken sein dürfte.

Nachdem in Vorstehendem einige der hauptsächlichsten Ur= sachen der Arbeiter=Misère in der Kürze hervorgehoben worden sind, gehen wir nun über zu den Mitteln der Abhilfe derselben. Diese Mittel sind einzutheilen in solche, welche die Sittlichkeit und Intelligenz, und in solche, welche das materielle Wohl der Arbeiter zu befördern geeignet sind.

Mittel zur Erhöhung und Befestigung der Sittlichkeit und Intelligenz der Arbeiter.

Um den Arbeitern für die Zukunft zu größerer Sittlichkeit und vermehrter Intelligenz zu verhelfen, muß man schon mit der Zucht und Bildung der kleinen, noch nicht schulpflichtigen Kinder der Arbeiterfamilien beginnen. Zu diesem Behuf ist vor Allem nothwendig die Gründung von

Kleinkinder-Bewahranstalten.

Kleinkinder-Bewahranstalten sind für jeden Ort, wo Arbeiterfamilien wohnen, ein dringendes Bedürfniß, wenn man erwägt, daß bei dem Mangel solcher Anstalten die noch nicht schulpflichtigen Kinder in der Mehrzahl der Fälle geradezu verwahrlost werden. Vater und Mutter sind vielleicht mit Ausnahme der Mittagsstunden von früh bis Abends auf der Arbeit und die Kleinen während dieser ganzen Zeit sich selbst überlassen. Entweder werden sie zu Hause in der ungesunden Wohnstube eingesperrt oder sie irren aufsichtslos auf den Dorfwegen umher. In beiden Fällen sind sie sich ganz überlassen, ganz verlassen, aller Verführung durch bereits verwilderte Kinder preisgegeben. „Ist es ein Wunder — so fragt der Verfasser des Schriftchens „Die Kleinkinder-Bewahranstalt" — wenn die Unglücklichen mit abgestumpftem Verstande, mit viehischer Unreinlichkeit unter die Menschen treten? Darf man sich wundern, wenn solche Kinder in ihren späteren Jahren einen unüberwindlichen Hang zur Trägheit, Unehrlichkeit, Scham- und Gefühllosigkeit, tückischer Verstocktheit, und doch

wieder Stumpfsinn gegen alle höhere Belehrung zeigen, Er=
scheinungen, welche unheilbringend und durch keine späteren
Mittel zu besiegen sind!

Sind aber die Eltern zu Hause, so sind die Kinder fast
ebenso übel berathen. Selten wird ihnen ein freundliches
Wort zu theil, sie müssen die Schuld von kleinen Unfällen und
Verlusten im Hauswesen tragen und oft schwer genug büßen,
sind die Mitwisser aller Aeußerungen der Unzufriedenheit,
des Mißmuths, der Rohheit, ja nicht selten Zeugen der Haus=
kriege und Unehrlichkeit ihrer Eltern. Welch' eine Aussaat
für das so empfängliche Kindesgemüth! Wie kann sich dasselbe
unter solchen Umständen menschlich entfalten? Man sage doch
nicht: Die Bemühungen der Lehrer in den Schulen, die An=
stalten der Kirche werden in den späteren Jahren nachholen,
was in den ersten Jahren der Kindheit versäumt oder ver=
dorben wurde. Man erzieht die jungen Bäume mit aller
Sorgfalt und Mühe, indem die Erfahrung gelehrt hat, daß sie,
einmal verkrüppelt, durch kein Bemühen werden, was sie hätten
werden können und sollen. Das findet Jedermann wahr und
naturgemäß, aber bei den kleinen Kindern soll es anders
sein? Vernachlässigung der Jugend in den ersten Jahren des
Lebens ist die ergiebigste Quelle des Verkommens."

Um nun die Vernachlässigung der zarten Jugend und alle
die übeln Folgen, welche daraus hervorgehen, zu vermeiden,
ist die Gründung einer Kleinkinder = Bewahranstalt für jeden
Ort unter thätiger Mithilfe der Gemeinde, resp. der Gutsherr=
schaft, unumgänglich nothwendig. Die Erfahrung hat auch
zur Genüge gelehrt, daß die fraglichen Anstalten überall da,
wo sie bestehen, von den Arbeitern mit Wohlgefallen benutzt
worden sind und noch benutzt werden; ganz besonders gilt

dieses von den Müttern, die zum Vortheil ihrer Geschäfte, zum Segen ihrer Kinder und zu ihrer eigenen Beruhigung gern Gebrauch davon machen und ein kleines Opfer nicht scheuen, wenn überhaupt von einem Opfer die Rede sein kann, da die Mutter in der Arbeit nicht mehr gehindert ist und infolge dessen ungleich mehr verdienen kann, als der tägliche baare Aufwand für die Kleinkinder=Bewahranstalt erheischt.

Daß die Bewahranstalten den kleinen Kindern zum Segen werden nicht nur während der Zeit, wo sie dieselben besuchen, sondern vielfach für die ganze Lebensdauer, ist nicht zu bestreiten; denn sie werden in denselben bewahrt vor den kindlichen Fehlern mit allen ihren schlimmen Folgen für die Zukunft, angehalten zur Sittlichkeit und — wenn auch nur spielenden — Thätigkeit, und in dem geordneten Umgange mit anderen unter Aufsicht und Zucht stehenden Kindern lernen sie viel Gutes und Schönes, das eine feste Grundlage bildet für das ganze fernere Leben. In der Kleinkinder=Bewahranstalt wird zugleich vorbereitet und vorgebildet für die Volksschule, und insofern sind jene Anstalten zugleich eine große Hilfe für die Volksschullehrer, weil die aus der Bewahranstalt in die Volksschule übergehenden Kinder sittlich vervollkommnet, geistig geweckt werden und mit Eifer für das Lernen erfüllt in die Schule eintreten.

Verbesserter Unterricht in der Volksschule.

Obschon der Unterricht in den Volksschulen gegenwärtig ein besserer ist, als in früheren Zeiten, so kleben ihm aber doch noch gewisse Mängel an, welche ein großes Hemmniß sind für eine angemessene Bildung. Ganz besonders gilt dieses von denjenigen Schulen, welchen orthodoxe Geistliche vorstehen. Nach den Ansichten derselben soll und darf in der Volks= schule etwas anderes nicht gelehrt werden, als Religion, Lesen, Schreiben und Rechnen; alle andern Unterrichtsgegen= stände gehörten nicht in die Volksschule. Derartige Schul= inspektoren vertreten noch die längst gerichtete Ansicht, daß sich der Dumme am besten regieren lasse. Da nun die orthodoxe Geistlichkeit leider immer noch die Majorität bildet, so ist der Wunsch ein vollkommen gerechtfertigter, daß die Schule von der Kirche emancipirt werde; denn so lang dies der Fall nicht ist, so lange der Schullehrer unter einem fanatischen Geistlichen steht, ist nicht daran zu denken, daß eine von der Zeit gebo= tene Reform des Unterrichts stattfindet.

Diese Reform hat aber vor Allem darin zu bestehen, daß manche Unterrichtsgegenstände, welchen zu viel Zeit gewidmet wird — in erster Linie der Religionsunterricht — angemessen verkürzt und an ihrer Stelle solche eingeführt werden, welche für das praktische Leben einen hohen Werth besitzen. Ganz besonders gilt dieses von den Anfangsgründen der Volks= wirthschaftslehre. Mit der Forderung, daß die Grundlehren der Nationalökonomie einen Unterrichtsgegenstand in den Volksschulen bilden sollen, steht Verfasser nicht allein da; diese Forderung wird vielmehr auch gestellt von Roscher, Schulze, Böhmert und anderen ausgezeichneten Nationalökonomen.

Schulze sagt in seiner „Nationalökonomie": „Die na= tionalökonomische Bildung im Volke ist noch sehr verworren. Das lebendige Hervortreten der socialen Fragen bedingt aber bei jedem, der in der Allgemeinheit thätig sein will, durchaus eine nationalökonomische Bildung, und macht jetzt der Stand der Landwirthe *) ein besonderes Gewicht mit allem Eifer geltend, so muß er auch besonders die nationalökonomische Bildung erstreben, die ihm diese Haltung verschaffen und begründen hilft. Es wird aber auch nur derjenige in seinem speciellen Berufskreise wirklich rationell wirken, der das Verhältniß seiner Leistungen zu anderen und zur Totalität der Volksinteressen richtig zu erkennen vermag, der sich klar ist über die Wechselwirkung der Konsumtion und Produktion, der die Faktoren beider gehörig zu würdigen versteht, kurz, der nationalökonomische Kenntnisse besitzt. Die Kenntniß der Nationalökonomie beseitigt die groben Irrthümer des Socialismus und Kommunismus, sie gibt Aufschluß über Gewerbefreiheit, Arbeitslohn, Rechtlichkeit und Nothwendigkeit des Eigenthums, Nutzen der Kapitalien, Nothwendigkeit der Maschinen."

Böhmert in seiner Schrift „Der Socialismus und die Arbeiterfrage" dringt vor Allem darauf, daß die Arbeiter wirthschaftlich erzogen und durch Verbreitung der Volkswirthschaftslehre in Schule und Leben über die Grundirrthümer des Socialismus aufgeklärt werden. „Man würde in der Welt nicht so viel Verkehrtes hören und erleben, wenn in jedem Volke die Kenntniß von den landwirthschaftlichen Grundbedingungen der Produktion, der Vertheilung und der Konsumtion der Güter, und die Einsicht in das Wesen der Arbeit und des Kapitals, des Geldes und des Kredits und anderer alltäglicher Erscheinungen etwas verbreiteter wäre."

Und Roscher bemerkt in seiner klassischen national-

---

*) Man kann dies mit vollem Recht auch auf die Arbeiter anwenden.

ökonomischen Schrift sehr treffend: „Wenn die Volkswirth=
schaftslehre vormals nur als Bereicherungsmittel, dann erst im
Allgemeinen als Regierungsmittel geschätzt wurde, so ist man
heutzutage wol darüber einig, daß die gedeihliche Entwickelung
unserer ganzen Kultur durch die richtige Begründung und all=
gemeine Verbreitung nationalökonomischer Wahrheit bedingt
wird. Daraus erklärt sich das Wunder, daß England in=
mitten des allgemeinen politischen Erdbebens von 1848, trotz
der dort vorhandenen socialen Zündstoffe, so völlig unversehrt
und ruhig geblieben ist, hauptsächlich daher, daß sich in England
4000 Schulen befinden, wo die Anfangsgründe der National=
ökonomie gelehrt werden. Es geschieht dies seit etwa 40 Jahren.
Bei einer Vergleichung der Bildungszustände Englands mit
denen des Kontinents ist nichts so auffallend, wie die Vernach=
lässigung der wirthschaftlichen Bildung in der kontinentalen
Jugend= und Volkserziehung. Man häuft in den Schulplänen
immer neue Unterrichtsstoffe an, ohne Rücksicht auf das Wissen
vom Arbeiter= und Verkehrsleben und ohne zu bedenken, daß
die überwiegende Mehrzahl der Schüler für das Leben und
den Arbeiterberuf ausgebildet werden soll, und daher vor
Allem Geschmack und Lust zur Arbeit, Geduld, zum Zurate=
halten der Güter, zur Ordnung, Pünktlichkeit, lernen muß,
worin die Grundbedingung aller bürgerlichen Selbstständigkeit
und Sittlichkeit liegt.“
    Nächst der Lehre von den Anfangsgründen der National=
ökonomie sollte in den Volksschulen auch für eine Bildung der
Jugend gesorgt werden, welche darauf berechnet ist, für die Zu=
Zukunft Güter auf eine leichte und wohlfeile Weise zu er=
zeugen, welche das Einkommen der Arbeiterfamilien nicht un=
wesentlich vermehrt. Besonders gilt dieses von der Obstzucht

und dem Seidenbau, Unterrichtsgegenstände, welche recht eigentlich in die ländlichen Volksschulen gehören, da sie ja auch mit der Natur vertraut machen und den Arbeitern später zum großen Segen gereichen werden.

Freilich ist hierzu nothwendig, daß die Lehrer der Volksschulen auch die erforderlichen Kenntnisse von der Volks= wirthschaftslehre, von dem Obst= und Seidenbau besitzen. Es muß deshalb solcher Unterricht in den Schullehrerseminaren ertheilt werden.

Einführung von Fortbildungsschulen.

Es genügt aber nicht ein verbesserter Unterricht in den Volksschulen, um der künftigen Generation einen tüchtigen Fonds von Bildung beim Eintritt in das Leben mit auf den Weg zu geben; denn es ist ja zur Genüge bekannt, daß die Mehrzahl der jungen Leute, nachdem sie die Schule verlassen haben und für ihren Lebensunterhalt selbst besorgt sein müssen, in verhältnißmäßig kurzer Zeit das wieder verschwitzen, was sie in der Schule erlernt haben. Dazu kommt, daß in der Volksschule doch manches nicht traktirt werden kann, was zu wissen nothwendig ist, theils wegen Mangel an Zeit, theils weil es dafür den Kindern an der erforderlichen Fassungskraft fehlt. Deshalb macht sich Fortbildungsunterricht nach Ent= lassung aus der Volksschule nothwendig, nicht nur um das, was in derselben gelehrt worden ist, fester zu behalten, sondern auch um das Maß der Kenntnisse noch zu vermehren. Sollen aber die Fortbildungsschulen die von ihnen zu erwartenden Früchte wirklich bringen, so darf es nicht in das Belieben der jungen Leute gestellt sein, ob sie diese Unterrichtsanstalten frequentiren wollen oder nicht, sondern der Besuch derselben muß für sie und ihre Arbeitgeber zum Zwang erhoben werden, er muß obligatorisch sein. Die geringe Zeitversäumniß, welche damit für den Arbeitgeber verbunden ist, lohnt sich vielfach dadurch, daß die Schüler die in der Fortbildungsschule erworbenen Kenntnisse auf die Wirthschaften der Arbeitgeber übertragen, daß sie intelligenter, fleißiger arbeiten und daß mit der vermehrten Intelligenz und dem größern Fleiß auch größere Treue verbunden ist.

Gründung von Ortsbibliotheken.

Daß auch das Lesen ein vorzügliches Bildungsmittel ist, daß es die Kenntnisse vermehrt, die Sittlichkeit erhöht und stärkt und zu vermehrter Häuslichkeit und Sparsamkeit führt, ist nicht dem geringsten Zweifel unterworfen. Leider wird aber von dem Lesen guter, lehrreicher und nützlich unterhaltender Bücher von Seiten der Arbeiter noch nicht der Gebrauch gemacht, den es in so hohem Grade verdient. Statt die Muße-stunden mit dem Lesen eines guten Buches auszufüllen, ziehen es die Arbeiter vor, hinter der Karte zu sitzen oder anderen Belustigungen nachzugehen, welche den Kopf schwer, den Beutel leer machen, bei welchen die Sittlichkeit und Intelligenz nicht gehoben, sondern verringert wird. So lange freilich der Arbeiter genöthigt ist, Bücher aus eigenen Mitteln als Eigenthum anzuschaffen, kann man ihm kaum einen Vorwurf machen, wenn er sich des Bücherlesens enthält, da er in der Regel nicht so gestellt ist, daß er Bücher aus seinen Mitteln anzukaufen vermag. Es tritt deshalb die Nothwendigkeit der Gründung von Ortsbibliotheken ein, der sich die Gemeindebehörde zu unterziehen hat. Eine solche Bibliothek vermittelt das Lesen guter Bücher um eine sehr geringe Leihgebühr, welche der Arbeiter in allen Fällen zu beschaffen vermag.

Errichtung von Dienstboten=Belohnungsvereinen.

Die Dienstboten = Belohnungsvereine haben den Zweck, gute Dienstboten heranzuziehen, insbesondere auch den häufigen Wechsel des Gesindes zu vermeiden. Es sollen sich an ihnen die Dienstherrschaften eines ganzen Kreises oder Bezirkes betheiligen; am besten sind sie Zweigvereine der landwirthschaftlichen Vereine. Hauptzweck derartiger Vereine ist, Ertheilung von Ehrenpreisen, Ehrenzeugnissen und öffentlichen Belobungen an solche Dienstboten, welche mindestens fünf Jahre ununterbrochen und mit Auszeichnung in jeder Art bei einer und derselben Herrschaft gedient haben. Die Geldpreise werden in der Sparkasse niedergelegt. Solche Vereine bestehen in verschiedenen Ländern, vorzugsweise in Sachsen und Thüringen, seit längerer Zeit, und sie haben sich überall als ein vorzügliches Mittel bewiesen, das Dienstbotenwesen zum Bessern zu gestalten. Ueberall, wo derartige Vereine in's Leben gerufen worden sind, hat sich die Sittlichkeit der Dienstboten gehoben und ihre materielle Lage gebessert, insbesondere hat auch der häufige Gesindewechsel aufgehört.

Ausstellung wahrheitsgetreuer Zeugnisse.

Nicht der geringste Grund, daß es in unsern Tagen so sehr an guten Arbeitern überhaupt und an guten Dienstboten insbesondere mangelt, ist der, daß sehr viele Arbeitgeber ihren

Arbeitern beim Abgange, wenn sie sich auch eine schlechte Auf=
führung haben zu Schulden kommen lassen, dennoch gute
Zeugnisse ausstellen, theils aus Furcht vor Rache, theils in
dem Wahne befangen, den Arbeitern in ihrem ferneren Fort=
kommen nicht hinderlich sein zu wollen. Durch die Ausstellung
wahrheitswidriger Zeugnisse werden aber nicht nur andere
Arbeitgeber betrogen, sondern die schlechten Arbeiter noch mehr
verschlechtert. Soll es in dieser Hinsicht besser werden, so darf
kein Arbeitgeber die Fehler des Arbeiters in dem auszustellen=
den Zeugniß verschweigen, sondern er muß sich, zum Wohle
der Arbeiter und zum Vortheile anderer Arbeitgeber, ver=
pflichtet fühlen, das Zeugniß unter allen Umständen wahr=
heitsgetreu auszustellen, damit schlechte Arbeiter bekannt und
zur Besserung gezwungen werden, um wieder ein Unterkommen
zu finden.

Gründung von Rettungsanstalten für verwahrloste Kinder.

Zur Heranziehung guter Arbeiter kann auch beigetragen
werden durch Gründung von Rettungsanstalten für verwahr=
loste Kinder (Pestalozzistiftungen), wie dieselben früher in der
Schweiz und in neuerer Zeit im Königreich Sachsen durch
freiwillige Beisteuern in's Leben gerufen worden sind und
durch solche auch erhalten werden. Man sollte sich ihre Be=
schaffung überall angelegen sein lassen, denn allenthalben gibt
es arme verwahrloste Kinder, die, wenn man sie nicht zu retten
sucht, in sittlicher Hinsicht ganz zu Grunde gehen und später
eine Plage für die Arbeitgeber werden, weiterhin aber den be=
treffenden Gemeinden oder dem Staat zur Last fallen. Sich
selbst überlassen oder dem schlechten Beispiele ihrer nächsten

Umgebung folgend, reifen sie in Ermangelung der nöthigen Erziehung zu Müßiggängern, Feinden der Ordnung und Sicherheit heran und verursachen den öffentlichen Kaffen weit größere Ausgaben für ihren Unterhalt in den Strafanstalten, als ihre sorgfältige Erziehung in Rettungsanstalten. Bleiben sich solche verwahrloste Personen selbst überlassen, so ist an eine Besserung derselben durch die Arbeitgeber selten oder nie zu denken; werden sie dagegen in Rettungsanstalten aufgenommen und in denselben zur Gottesfurcht, zu Fleiß, Ehrlichkeit, Treue herangezogen, so erwächst daraus nicht nur der Gesellschaft im Allgemeinen, sondern auch den Arbeitgebern insbesondere ein großer Vortheil. Insofern nämlich verwahrloste Kinder in den Rettungshäusern außer dem gewöhnlichen Schulunterricht auch noch Unterricht im Obst= und Gemüsebau, im Schnitzen, Flechten, Nähen, Stricken rc. erhalten, eignen sie sich Fertig= keiten an, welche sie in ihren späteren Dienstverhältnissen zum Vortheil der Arbeitgeber verwerthen können, und wenn diese auf dem Grunde fortbauen, welcher in den Rettungshäusern gelegt worden ist, so dürfte es keinem Zweifel unterliegen, daß die früher verwahrlosten Kinder nützliche Glieder der Gesell= schaft überhaupt und gute Arbeiter insbesondere werden.

Rationelle Erziehung der Waisen.

Waisen aus den niederen Schichten der Gesellschaft, welche in der Regel später ihr Fortkommen als Arbeiter suchen, entbehren namentlich auf dem platten Lande und in den klei= neren Städten in der Mehrzahl der Fälle jede nur einiger= maßen zweckentsprechende Erziehung. Gewöhnlich werden sie in den Gemeindehäusern untergebracht, eine Zufluchtsstätte, in

welchen die Waisen moralisch zu Grunde gehen, indem sie in
der Regel in schlechte Gesellschaft kommen, jeder Aufsicht und
Leitung entbehren und endlich in die Welt treten arm an
Geist, schwach an Verstand, aber reich an Untugenden aller
Art. Die Erfahrung hat es sattsam bewiesen, daß so aufbe=
wahrte und erzogene Waisen in den meisten Fällen unwürdige
Glieder der Gesellschaft werden. Die Schuld trifft lediglich
die Gemeinde, welche nichts thut, um aus den Waisen wür=
dige Glieder der Gesellschaft zu machen. Erspart auch die
Gemeinde bei mangelhafter Versorgung und Erziehung der
Waisen an Kosten, so ist aber eine solche Ersparniß nur eine
auf Zeit gestellte, da verwilderte Waisen früher oder später
der Gemeinde zur Last fallen und ihr ansehnliche Geldopfer
abnöthigen werden. Die Vorsteher der Gemeinden können sich
daher nicht nur um die armen Waisen selbst, sondern auch um
die Gesellschaft und — da die meisten Waisenkinder ihr spä=
teres Fortkommen als Arbeiter suchen — um die Arbeitgeber
verdient machen, wenn sie dahin wirken, daß die armen Waisen
eine zweckentsprechende Erziehung erhalten. Es fragt sich nun:
Welche Erziehung der Waisen ist als eine zweckmäßige zu be=
zeichnen? Ihre Versorgung in geschlossenen Waisenhäusern ist
mehr und mehr als die minder zweckmäßige und erfolgreiche
erkannt worden, und man hat sich deshalb bewogen gefunden,
an Stelle der Waisenhäuser landwirthschaftliche Waisen=
Erziehungsanstalten zu gründen oder die Waisen in Familien
unterzubringen. Nach Stephani sollen Staat und Gemeinde,
denen die Waisenversorgung obliegt, bei den Waisen die Stelle
der Eltern vertreten, wenn diese auch nie völlig ersetzt werden
können. Damit ist der Umfang der Aufgabe ausgesprochen
und der Weg ihrer Lösung angedeutet. Die Waisen sollen

nicht blos ernährt, gekleidet und allenfalls unterrichtet, sondern
vor Allem erzogen werden. Die der öffentlichen Versorgung
anheim fallenden Waisen gehören durchgehends der unbemittelten, zum größten Theil sogar der ärmsten Klasse an; ihre
Zukunft ruht lediglich in ihrer eigenen Kraft und Fähigkeit,
und diese müssen deshalb von denjenigen, welche Elternstelle
bei ihnen zu vertreten haben, um so mehr und um so früher
bei ihnen geweckt und herausgebildet werden, als sich die
öffentliche Versorgung nur bis mit Ende des 13.—14. Lebens-
jahres erstreckt, und da sie bereits in einem Alter auf sich
selbst verwiesen werden, wo anderen jungen Leuten die elter-
liche Stütze in geistiger und materieller Beziehung noch unentbehrlich ist und helfend zur Seite steht. Bedenkt man, daß
das Loos der Waisen ein unglückliches ist, daß die öffentliche
Versorgung doch nicht alles Harte und Drückende dieses Looses
von ihnen nehmen kann, daß das, was sie ihnen zu geben vermag,
aber auch geben soll und muß, nicht eine 13—14jährige gute
Versorgung, sondern eine gute Erziehung, die größtmögliche
Entwickelung ihrer eigenen Kraft, die Gewöhnung an Entbehrung, Arbeit und Ordnung ist. Es ist eine grausame
Humanität, wenn man diese unglücklichen Kinder in Waisenhäusern an eine bessere Lebensweise gewöhnt, als sie später
führen können, wenn man Entbehrung und Arbeit von ihnen
fern hält, anstatt sie völlig damit vertraut zu machen, und
wenn sie nun entlassen werden und in die Welt eintreten, so
ist dieselbe voll Mühen und Sorgen. Arbeit und Entbehrungen sind ihnen völlig fremd und sie erliegen dem Unge-
wohnten, eben weil man sie für das Leben nicht erzogen
hat. Die Humanität solcher Waisenversorgung ist nicht nur
eine Grausamkeit gegen die Waisen, sondern auch eine Be-

nachtheiligung der Arbeitgeber, eine Verletzung des öffentlichen Interesses, weil man auf solche Weise Kandidaten für die Armen= und Zuchthäuser erzieht. Es ist auch in der That eine vielfach bestätigte Erfahrung, daß die aus geschlossenen Waisenhäusern entlassenen Zöglinge sich in das Leben. nicht finden können und auf diese oder jene Weise verkommen und zu Grunde gehen. Selbst mit der vollendetsten Handhabung der besten Erziehungsgrundsätze wird das Waisenhaus das nicht erreichen können, was der eigentliche wahrhafte Boden der Erziehung ist, die .Familie. Hier lernt das Kind im Kleinen das Leben kennen, wie es einst im Großen sich ihm bieten wird; hier nimmt es von früh an theil an den Mühen und Sorgen des kleinen häuslichen Kreises, an der Last der Arbeit, an den Entbehrungen und Einschränkungen, welche durch mangelnden Verdienst oder theure Preise sich nöthig machen; hier lernt es von früh an die vielen kleinen häuslichen Fertigkeiten, welche nicht schulgerecht gelehrt und gelernt werden können und doch unentbehrlich für das Leben sind; hier lernt es auch das Familienleben mit seinen Freuden und Leiden lieben; hier allein impft sich dem kindlichen Gemüth jene Pietät ein, welche der beste Boden ist für die weitere Entwicke= lung jeder häuslichen und bürgerlichen Tugend. Je mehr die Lockerung und Lösung der Familienbande ein wesentlicher Grund vieler unserer socialen Gebrechen ist, um so mehr sollte man anstreben, in denen, deren Versorgung und Erziehung der Staats= und Ortsgemeinde anheimfällt, den Sinn für das Familienleben und die Anhänglichkeit an dasselbe zu fördern und zu nähren. Ein Hausvater und eine Hausmutter, wenn sie sonst nur schlichte rechte Leute sind, mögen sie auch das sein', was man sonst ungebildete Leute nennt, und nicht das geringste von rationellen Grundsätzen der Pädagogik verstehen, werden gewiß in ihrer Familie ein Kind besser zu einem guten und für das Leben tauglichen Menschen erziehen, als das treff= lichste Waisenhaus. Es erübrigt nur, daß man hierzu genug taugliche und erbötige Familien findet.

Man hat dieses System schon früher mit Erfolg auf Waisen angewendet, welche ihr Fortkommen meist als land= wirthschaftliche Arbeiter suchen. Die Waisenknaben werden nämlich bei rechtschaffenen und erfahrenen Landwirthen unter= gebracht, um sie als Knechte, Viehwärter, Weinbergsarbeiter heranzubilden. Nach Ablauf der bestimmten Lehrzeit werden die Entlassenen mit Zeugnissen ihrer Fertigkeit und ihres Ver= haltens in andere Dienste, namentlich auch außer Landes be= fördert und haben bei fortgesetzter Ausbildung und gutem Be= tragen Ansprüche auf Belohnungen. Aber auch den Land= wirthen, welche solche Waisenknaben in ihre Familien aufnehmen, ihrer Bildung und Moralität die erforderliche Sorgfalt widmen und mit dem besten Erfolg die übernom= menen schönen Pflichten erfüllen, werden Auszeichnungen zu theil.

Geeignete Unterstützung der Ortsarmen.

Das Armenwesen leidet noch vielfach an großen Ge= brechen und trägt deshalb nicht wenig zur Arbeiter-Misère bei. Insbesondere gilt dieses von dem Bettelwesen; denn nichts be= günstigt die Erblichkeit des Elendes und des Lasters in den unteren Volksklassen so sehr, als eben die Bettelei und die damit im engsten Zusammenhang stehende Arbeitsscheu und Liederlichkeit. Das erbettelte Geld wird in der Regel zur Be=

friedigung der Trunksucht verwendet und sonach das Laster
durch bereitwillige Darreichung von Almosen unmittelbar ge=
fördert und der Zweck einer wohlgeordneten Armen = und
Sicherheitspflege geradezu vereitelt. Eine wohlgeordnete Ar=
men= und Sicherheitspflege besteht unter anderem in neuerer
Zeit in dem Königreich Sachsen und in Würtemberg, und sie
sollte, da sie sich trefflich bewährt hat, auch anderwärts einge=
führt werden.

Im Königreich Sachsen sind Bezirksarmenvereine in's
Leben gerufen worden, deren Zweck ist, die in den einzelnen
Orten des Vereinsbezirks befindlichen, der Hilfe bedürftigen
Armen auf geeignete Weise zu unterstützen, sowie dem Bettel
und dem Flurdiebstahl zu wehren und dadurch eine durch=
greifende und heilsame Armenpflege möglich zu machen. Die
Vereine sorgen mit den aufzubringenden Geldern für Unter=
stützung der Armen durch Vermittelung der Ortsarmenvereine,
sowie für den gegen Bettelunfug und Flurdiebstahl erforder=
lichen Schutz. Die Armenpflege und die Vertheilung der jedem
Orte nach der Zahl der Armen antheilig zufließenden Unter=
stützungen kommt den betreffenden Gemeinden zu. Die dem
Vereine beigetretenen Gemeinden und die Besitzer der nicht
zur Ortsgemeinde gehörenden Grundstücke verpflichten sich, die
Armenpflege in ihren Ortschaften zu führen, die erforderlichen
Gelder für die Zwecke des Vereins zu beschaffen und sonst die
Vereinszwecke zu fördern. Der Beitritt zu dem Vereine steht
zunächst allen in den betreffenden Bezirken gelegenen Ortschaften
und Besitzern eximirter Grundstücke zu. Die Ermittelung des
Unterstützungsverhältnisses der Armen liegt dem Vorstande in
Gemeinschaft mit dem darüber zu hörenden Ausschuß ob, von
welchem die betreffenden Gelder den Gemeinden angewiesen

werden, die sie nach dem Ermessen des Ortsarmenvereins zu verwenden haben. Die erforderlichen Geldmittel werden aufgebracht: 1) Nach einem vorschriftsmäßigen Satze nach Höhe der Grundsteuereinheiten, und zwar so, daß Besitzungen unter 40 Steuereinheiten nichts entrichten, Besitzungen über 10,000 Steuereinheiten nicht darüber hinaus in Anspruch genommen werden. 2) Nach dem Personal= und Gewerbsteuersatze, und zwar so, daß ein Drittel des ordentlichen Steuersatzes als niedrigster Satz des Vereinsbeitrags angesehen wird. Gewerbtreibende, welche jährlich unter 1 Thaler Steuer zahlen, sind von jeder Armenabgabe befreit, während von keinem Mitgliede des Armenvereins überhaupt mehr als 15 Thaler jährlicher Armenbeitrag erhoben werden darf. Als höchster Satz gilt eine jährliche Abgabe von 1 Pfennig von jeder Steuereinheit. Den Schutz gegen Bettelunfug erstreben die Vereine durch eine zweckmäßige Armenpflege nach den Grundsätzen der Armenordnung durch Zahlung einer Konventionalstrafe für jeden Fall eines verabreichten Almosens an Bettler und durch Aufstellung von Schutzmannschaften, welche theils aus verabschiedeten Unterofficieren oder sonst geeigneten Personen bestehen, theils zeitweilig durch von der Regierungsbehörde zu erbittende Soldaten verstärkt werden. Die Schutzmannschaften haben alle gegen die Zwecke des Vereins sich Vergehenden, namentlich die Bettler und Flurdiebe, aufzugreifen, die Armenhäusler und Aehrenleser zu überwachen, nächtlichen Unfug und Dienstboten= auflagen zu verhüten 2c.

In Würtemberg bestand früher ein Unterstützungsverein, dessen Grundidee war, den vielen herabgekommenen besitzlosen Familien der ärmsten Gegenden dadurch wieder aufzuhelfen, daß er: 1) Aecker, Wiesen und Ziegen, nach Umständen auch

Wohnungen erwarb und sie den verarmten Familien vorerst nur nutznießungsweise übergab, um theils jede Veräußerung dieser zum Unterhalt der Familien bestimmten Realitäten zu verhindern, theils für den Fall, daß einzelne Familien den Erwartungen des Vereins nicht entsprechen würden, die Zu= rückziehung zu sichern. 2) Durch örtliche Armenpfleger (Pfarrer, Schullehrer, Schulzen und sonstige Armenfreunde) die betref= fenden Familien in ökonomischer, sittlicher und religiöser Be= ziehung unter eine fortwährende innere Pflege, Aufsicht und Leitung zu bringen, um sie so gleichzeitig aus ihrer leiblichen und geistigen Verkommenheit herauszuziehen und für die Ge= sellschaft wieder zu gewinnen. Dieser Verein hat sich trefflich bewährt. Wo früher Hunger und Kummer hausten, wo nur Personen mit elender, schmuziger, zerlumpter Kleidung anzu= treffen waren, wo sich die Wohnungen in einem entsetzlich trau= rigen Zustande befanden, da gewahrte man bald nach einge= tretener Hilfe des Vereins wohlgenährte, gesunde und kräftige Gesichter, ordentliche und reinliche Kleidung, Ordnung und Reinlichkeit in den Wohnungen, und für den Winter waren Vorräthe von Lebensmitteln vorhanden, welche die armen Fa= milien auf den ihnen zur Benutzung übergebenen Feldern er= baut hatten.

Gute Behandlung der Arbeiter.

Man denke sich in die Lage der Arbeiter, berücksichtige, wie anhaltend und schwer sie arbeiten müssen, wie verhältniß= mäßig gering doch immerhin die Entschädigung für eine solche Arbeit ist, ein wie mühseliges und beladenes Leben infolge dessen viele, namentlich reich mit Kindern gesegnete Arbeiter=

familien führen müssen, und der Gerechte, welcher sich seiner Thiere erbarmt, sollte sich auch seiner Arbeiter — vernünftiger Geschöpfe, wie der Arbeitgeber — erbarmen. Aber leider ist dieses nicht immer der Fall. Rohe Behandlung — sich bekundend in Fluchen, Schimpfen, wol gar Prügeln — ungenügende Kost, schlechte Wohnung, Verstoßung in Krankheitsfällen und in den alten Tagen, wo die Kräfte der Arbeiter erlahmen, sind auch in unsern Tagen noch nicht gar selten an der Tagesordnung.

Was die Kost anlangt, so erhalten dieselbe die Arbeiter hier und da nicht nur in ungenügender Menge, sondern auch schlecht zubereitet und von einer Qualität, welche noch unter der des Viehfutters steht. In letzterer Beziehung begehen selbst solche Arbeitgeber große Fehler, welche im Uebrigen ein richtiges' Verständniß für die Behandlung ihrer Arbeiter haben. Hinsichtlich der Speisung werden in den allermeisten ländlichen Haushaltungen die Arbeiter insofern den Thieren nachgesetzt, als letztere rationell gefüttert, das heißt so ernährt werden, daß sie das dargereichte Futter so viel als möglich ausnutzen und so auf das Beste verwerthen. Diese Absicht wird dadurch erreicht, daß man stickstoffreiche, stickstoffarme und fetthaltige Futtermittel in richtigem Verhältniß mischt. Ganz anders pflegt man bei der Beköstigung der Arbeiter zu verfahren, indem dieselben den größten Theil des Jahres hindurch mit Kartoffeln, Rüben, Kraut und anderen stickstoffarmen Nahrungsmitteln abgespeist werden, während mit den stickstoffreichen, als den vermeintlich theuerern, gegeizt wird. Arbeitgeber, welche so verfahren, handeln nicht nur lieblos gegen ihre Arbeiter, sondern auch ganz gegen ihr eigenes Interesse; denn einmal vermag ein Arbeiter, der fast nur stickstoffarme Nah-

rung erhält, nicht anhaltend zu arbeiten und keine schweren
Arbeiten zu verrichten, dann ist aber auch stickstoffarme Nah=
rung aus dem Grunde theurer, als wenn sie angemessen mit
stickstoffreichen Stoffen gemischt oder verbunden wird, weil von
jener betreffs vollständiger Sättigung eine weit größere Menge
verzehrt werden muß, als wenn gleichzeitig stickstoffarme und
stickstoffreiche Nahrungsmittel in angemessenem Verhältniß ge=
reicht werden.

Auch die Lokalitäten, welche den Arbeitern während ihrer
arbeitsfreien Zeit zum Aufenthalt angewiesen werden, sind
nicht selten schlechter als die Viehställe, und die Betten bestehen
oft aus ärmlichen Strohlagern.

Ferner werden die Arbeiter nicht selten mit der Aus=
zahlung ihres sauer verdienten Lohnes hingehalten; ja, manche
Arbeitgeber machen unter nichtigen Vorwänden Lohnabzüge.

Was aber noch betrübender ist, wenn ein Arbeiter in dem
Dienst seines Arbeitgebers unverschuldet erkrankt oder wenn er
durch langjährige treu geleistete Dienste seine Kräfte aufge=
rieben hat und infolge dessen das nicht mehr leisten kann, was
er in seinen jüngeren Jahren zu leisten vermochte, wird ihm
nicht selten hartherzig die Thüre gewiesen.

Arbeitgeber, welche ihre Arbeiter auf solche Weise behan=
deln, sind aber durchaus nicht berechtigt, über Verschlechterung
der Arbeiter und über Arbeitermangel zu klagen, denn sie
tragen daran selbst die meiste Schuld. Oder glaubt der Arbeit=
geber, daß ihm der roh und lieblos behandelte, unzureichend
beköstigte und sonst schlecht verpflegte, übervortheilte Arbeiter
in Liebe zugethan sein, daß er seine Pflichten mit Freuden er=
füllen, auf seinen Vortheil bedacht sein wird, daß er bei solcher
Behandlung seiner Arbeiter gewinnt? Gerade das Gegentheil

ift der Fall, und weil dem so ift, tragen derartige Arbeitgeber
die Hauptschuld an der Verschlechterung der Arbeiter und an
dem Arbeitermangel; sie versäumen gegen ihre Arbeiter die
wichtigsten und heiligsten Pflichten.

Ebenso schön als wahr sagt in dieser Beziehung Biel in
der Zeitschrift für Landwirthschaft und Gewerbe in Thüringen:
„Kein Herr darf sich zu groß, keine Hausfrau zu vornehm
dünken, daß sie sich nicht selbst um die Bedürfnisse ihrer Ar=
beiter bekümmern, daß sie nicht selbst genaue Kenntniß davon
nehmen, wie ihren Arbeitern das gereicht wird, was sie zu
ihrer Nahrung bedürfen und in welchem Zustande sich Alles
befindet, was sonst noch zum Leben gehört. Kein Hausherr
darf sich zu groß, keine Hausfrau zu vornehm dünken, daß sie
für die erkrankten Arbeiter nicht selbst liebevoll sorgen. Wie
es im Allgemeinen ein großer Fehler sein würde, Arbeiter zu
Vertrauten der innern Familienangelegenheiten zu machen,
indem dieses die Herrschaft schon daran hindern würde, mit
dem nöthigen Ernst gegen die Arbeiter zu verfahren, so unge=
recht, so unmenschlich ist es, sie mit aller Strenge ohne Aus=
nahme so fern von sich zu halten, als hätten sie das Schlimmste
von der geringsten Annäherung der Arbeiter zu befürchten.
Nie darf es daher der Herrschaft genug sein, den Arbeitern nur
den bedungenen Lohn zu gewähren und alles das ihnen zu=
kommen zu lassen, was sie zu ihren Lebensunterhalt bedürfen,
sondern diese Pflicht der Gerechtigkeit muß auch mit Liebe er=
füllt werden. Die Arbeiter müssen es sehen und empfinden,
daß ihnen auch die nöthige Ruhe gegönnt, daß ihnen gern Zeit
und Gelegenheit gegeben wird, sich zu edeln Menschen auszu=
bilden. Geduld und Nachsicht muß gegen die Arbeiter geübt
werden bei hier und da vorkommenden unvorsätzlichen Fehlern,

auch liebevolle Sorgfalt gewidmet denjenigen, welche im Dienste erkranken. Verbindet sich so die reine innige Liebe mit Ge= rechtigkeit innig, durchdringt sie diese mit ihrem segnenden Geiste, dann kann die Herrschaft auch streng sein gegen ihre Arbeiter, und dann, aber auch nur dann, wird die Strenge gute Früchte tragen. Jene Gerechtigkeit und Liebe fordern diese Strenge, aber sie geben ihr auch erst die rechte heil= bringende Kraft. Die Vorsteher einer Wirthschaft sind die erste Obrigkeit derselben, und diese muß darüber wachen, daß immer und überall gute Ordnung walte, daß alle den Ar= beitern zukommende Verrichtungen mit der möglichsten Ge= nauigkeit verrichtet werden, daß in ihrem ganzen Thun geregelte Thätigkeit, anständiger Fleiß, redliche Treue herrsche.“

Durch Geiz und Hartherzigkeit gelangt also der Arbeit= geber nicht zum Ziel, wol aber durch Liebe, freundliches Ent= gegenkommen, Mitleid und bereitwilliges Gewähren alles dessen, was die Arbeiter mit Recht zu fordern haben. Ein freund= liches Wort zur rechten Zeit übt oft eine mächtige Gewalt auf die Arbeiter aus, wie sich denn überhaupt jeder Arbeitgeber bei liebevoller Behandlung seiner Arbeiter weit besser stehen wird, als wenn er sich hartherzig gegen dieselben erweist, denn der gute Arbeiter wird die Liebe seines Arbeitgebers durch verdoppelten Fleiß und vermehrte Treue zu vergelten suchen und Arbeitgeber und Arbeiter werden sich sehr wohl dabei befinden.

Die Frage soll und darf nicht sein: Was müssen sich die Arbeiter nach Gesetz und strengem Recht von dem Arbeitgeber gefallen lassen? sondern das ist die Frage: Was haben die Arbeitgeber zu thun, daß gegen sie Achtung, Liebe, Vertrauen und die freudigste Hingebung und Pflichterfüllung die höchsten Gebote der Arbeiter werden?

Ein Fehler, den sich manche Arbeitgeber in der Behand=
lung ihrer Arbeiter zu Schulden kommen lassen, ist der, daß
sie diese bei außerordentlichen, von Umständen gebotenen, in
ungewöhnliche Zeit fallenden Arbeiten durch Anerbietungen von
Festlichkeiten, Geschenken 2c. zur Arbeit ermuntern und dadurch
zugestehen, daß die Arbeiter nicht zu allen Zeiten aus freiem
Antriebe den Befehlen der Herrschaft Folge zu leisten haben,
vielmehr darum besonders begrüßt werden müssen. Fälle, wie
die angeführten, kommen ja in einer geregelten Wirthschaft
nur selten vor, und wenn sie vorkommen, dann ist ihre Unver=
meidlichkeit leicht einzusehen. Wird den Arbeitern bei jeder
Gelegenheit, wenn sie sich außergewöhnlich anstrengen müssen,
eine besondere Belohnung zugesichert, so ist dann die Absicht,
zum Fleiß anzuregen, gänzlich verfehlt, und es kann dann
leicht dahin kommen, daß die Arbeiter in ähnlichen Fällen eine
Wiederholung der Geschenke 2c. beanspruchen; dann pflegen sie
auch solche Geschenke nicht mehr als eine besondere Belohnung
zu betrachten, welche von bestimmter Größe und zu bestimmter
Zeit gegeben wird, sondern sie werden zum Diensteinkommen
gerechnet. Sollen Geschenke eine gute Wirkung haben, so
müssen sie unerwartet, überraschend kommen; auch sind sie nicht
von gleichem Werthe, sondern nach Verdienst und Würdigkeit
zu verleihen.

Wie in der Belohnung, so müssen die Arbeitgeber auch
in der Bestrafung der Arbeiter vorsichtig sein. Selbst die
besten Arbeiter haben Fehler. Der Arbeitgeber strafe nicht
gleich, denn mit freundlicher Zurechtweisung ist bei sonst guten
Arbeitern mehr auszurichten, als mit harten Worten oder
Thätlichkeiten, deren sich überhaupt jeder Arbeitgeber als seiner
nicht würdig ganz enthalten sollte. Erst dann, wenn freund=

liche Zurechtweisungen ohne Folgen sind, nehme der Arbeitgeber seine Zuflucht zu angemessenen Strafen, die am schick-
lichsten in Geldstrafen zu irgend welchen Unterstützungszwecken
bestehen. Sollten auch Strafen erfolglos sein, dann entlasse
der Arbeitgeber den unverbesserlichen Arbeiter aus seinem
Dienste, damit derselbe nicht die anderen besseren Arbeiter
verführt.

Mittel zur Verbesserung der ökonomischen Lage der Arbeiter.

Angemessene Ablohnung.

An die Spitze der Mittel zur Verbesserung der ökonomischen Lage der Arbeiter ist eine angemessene Ablohnung zu
stellen. Es ist darunter ein unter allen Verhältnissen aus-
reichender Lohn zu verstehen, von dem der Arbeiter und, wenn
derselbe verheirathet ist, auch seine Familie — unter Hinzu-
rechnung dessen, was etwa die Frau und die der Schule ent-
wachsen Kinder nebenbei verdienen können — menschlich zu leben
vermögen.

In der „Agronomischen Zeitung" ist sehr richtig hervorgehoben worden, daß es für den Arbeiterstand von der größten
Entscheidung hinsichtlich des materiellen Lebens und somit auch
in Bezug auf das ganze Lebensglück sei, wenn in den Augen
der Arbeitgeber der Arbeiter nicht mehr Mensch sei, sondern
zu einem Werkzeug herabsinke. Nicht nur daß dadurch alle
Berechtigung der Armen den Wohlhabenden und Reichen

gegenüber verloren gehe, seien auch oft die natürlichen Folgen dieser Berechtigung, der festgestellte Lohn, die Arbeitszeit 2c. ge= fährdet. Man wolle dann das Werkzeug, welches man nicht entbehren könne, das nothwendige Uebel, wenigstens so hoch als möglich ausnutzen, um zum Betriebe die möglich geringsten Kosten aufwenden zu müssen, die ja stets von dem Brutto= ertrag zehren. Alle Rücksichten der Humanität kämen nicht mehr in Betracht, weil nicht nur die Berechtigung der Arbeiter annulirt sei, sondern weil auch deren Selbstständigkeit nicht an= erkannt werde. Freilich habe auch der Arbeitgeber Rücksichten auf seine Erhaltung zu nehmen, und wenn er an Erniedrigung der Produktionskosten denke, so handle er nur in seinem In= teresse. Der baare Arbeitslohn sei stets ein Haupttheil dieser Produktionskosten, und deshalb wende sich wol auch zuerst das Auge der Ersparnisse Bezweckenden darauf. Er gehe dabei von dem Grundsatz aus, daß erst er als Arbeitgeber leben müsse, ehe er bewirken könne, daß der Arbeiter durch ihn lebe. Dieser Grundsatz sei wol richtig, aber als Motiv zu einer Herab= drückung des Arbeitslohnes nicht zu billigen, vielmehr zu ver= werfen. Wenn die Konkurrenz größer und häufiger werde, dann solle der Arbeitgeber nach geistiger Vervollkommung und Bereicherung für Gewerbszwecke streben, er solle raffiniren, um neue Vortheile aufzufinden, nicht aber die Summe ver= mindern, welche er auf die Bearbeitung des Bodens und der Produkte desselben zu verwenden habe; im Gegentheil müsse er diese Summe möglichst erhöhen. Wenn wegen falscher Begriffe von Selbsterhaltung die armen Arbeiter gedrückt würden, so begehe der Arbeitgeber ein doppeltes Unrecht, einmal gegen die Arbeiter, indem er deren Lage verschlechtere, statt daß er die= selbe verbessern solle, dann aber auch gegen sich selbst, indem vermehrte und gut ausgeführte, also auch gut bezahlte Arbeit nicht nur den Rohertrag, sondern auch den Reinertrag erhöhe.

Steht es hiernach fest, daß es nur im eigenen Interesse des Arbeitgebers liegt, seine Arbeiter in materieller Hinsicht so gut als möglich zu stellen, so fragt es sich aber, in welcher Weise dies zu erzielen ist?

Man hat in dieser Beziehung verschiedene Vorschläge gemacht.

Von Idealisten ist insbesondere der sogenannte Antheil= bau als die beste, den Arbeiter am zufriedenstellendste Ab= lohnungsweise gepriesen worden. Unter Antheilbau versteht man dasjenige Verhältniß zwischen Arbeitgebern und Arbeitern, wo letzteren eine Theilnahme an dem Reinertrag desjenigen Geschäfts gestattet ist, in dem sie verwendet werden. Man hat die Vortheile des Antheilbaus für beide Theile daraus ableiten wollen, daß, sobald der Arbeiter Theilhaber am Ertrag des Geschäftes werde, sein eigener Vortheil die größtmögliche Blüte dieses Geschäftes erfordere, daß daher sein Vortheil mit dem des Arbeitgebers zusammenfalle.

Hiernach ist das wahre Sachverhältniß folgendes: Der Arbeitgeber gewährt das zum Betriebe erforderliche Material (den Boden), die Werkzeuge (das Inventar), die Gebäude und das Kapital. Die Arbeiter dagegen führen die zum Betriebe des Geschäfts erforderlichen mechanischen Arbeiten aus. Die Hauptentschädigung für geleistete Arbeiten erfolgt durch einen entsprechenden Lohn, welcher entweder für bestimmte Arbeiten oder für einen bestimmten Zeitraum festgesetzt wird. Außerdem erhalten die Arbeiter noch einen bestimmten Antheil an dem Reinertrag des Geschäfts. Welcher Antheil des Reinertrags den Arbeitern zufließen soll, wird durch den Procentsatz be=

stimmt, welchen der Reinertrag von dem Gesammtwerthe des Geschäfts bildet. Beträgt z. B. der Reinertrag weniger als 5 Procent des Gesammtwerthes, so verbleibt er dem Unter=nehmer ganz. Dagegen gibt dieser bei 6 Proc. Reinertrag $1/_{10}$, bei 7 Proc. $2/_{10}$, bei 8 Proc. Reinertrag $3/_{10}$ ab bis zur Hälfte, über welche hinaus eine Abgabe des Reinertrags an die Arbeiter überhaupt nicht stattfindet. Die Vertheilung des Reinertrags an die einzelnen Arbeiter geschieht durch die Arbeiter selbst, die Feststellung des Gesammt=Reinertrags durch regelmäßige Buchführung, in welche die Einsicht zu jeder Zeit freisteht. Die Arbeiter haben die Wahl, ob sie ihren Antheil am Reinertrag im baaren Gelde oder in Produkten, welche das Geschäft liefert, nehmen wollen.

Der Antheilbau, mag er nun in dieser oder in einer anderen Weise realisirt werden, scheint allerdings beim ersten Blick viel für sich zu haben, es scheint dies aber auch nur so; geht man näher auf denselben ein, so findet man alsbald her=aus, daß er nichts für, im Gegentheil viel gegen sich hat. Der verstorbene Koppe hat sich darüber in den Grenzboten ein=gehend ausgelassen. Folgen wir ihm. Zuerst beruht der An=theilbau auf einem ganz falschen Princip; denn die Steigerung des Gewinnes bei der Landwirthschaft ist nicht bedingt durch die mechanische Arbeit, sondern durch die gute Leitung der Wirthschaft, durch die Intelligenz, sowie durch Aufwendung eines ausreichenden Betriebskapitals. In beiden Beziehungen haben aber die Arbeiter nichts entgegenzusetzen. Der Antheil=bau ist aber auch nicht praktisch, weil bei demselben der Arbeit=geber seine Selbstständigkeit aufgeben, weil sich der Arbeiter gegen solche Arbeiten sträuben würde, welche erst später ren=tiren, weil der Arbeitgeber auch in der Wahl der anzubauenden

Fruchtarten beschränkt wäre. Auch wechselt der Ertrag der
Jahre zu sehr, und wenn sich dann und wann eine geringe
Ernte oder eine Mißernte ergeben würde, sollte dann der
Arbeiter auch den Verlust tragen helfen? Was könnte ferner
der Arbeiter dem Risiko des Arbeitgebers gegenüber einsetzen?
Die Antheilswirthschaft ist weiter deshalb unpraktisch, weil bei
der Theilung des Reinertrags unter die einzelnen Arbeiter
keine Rücksicht auf Fleiß und Geschicklichkeit derselben genommen
wird. Die Faulheit der Faulen und die Ungeschicklichkeit der
Ungeschickten wird ebenso belohnt wie der Fleiß der Fleißigen
und die Geschicklichkeit der Geschickten. Der Antheilbau ist
aber auch gefährlich, weil bei demselben der Arbeiter ein Recht
auf eine ganz unbestimmte Forderung hat, was nur dazu
dienen kann, Haß und Zwietracht zu säen und das ganze
Verhältniß zwischen Arbeitgeber und Arbeiter zu zerstören.
Jedenfalls führt der Antheilbau auch zu der Ansicht, daß der
Boden ein gemeinschaftliches Gut sei, und der Schritt vom
Socialismus zum Kommunismus ist dann nur ein kleiner.

Phantasten haben insbesondere den Einwand gegen die
Antheilswirthschaft, daß der Arbeiter zu dem Betriebskapital
nichts beizutragen vermöge, durch folgenden Vorschlag zu ent=
kräften gesucht: Alle Arbeiter, welche bei einem Unternehmen
beschäftigt sind, sollen durch Sparsamkeit das dazu erforderliche
Betriebskapital pro rata aufbringen. Auch diesen Vorschlag
führt Koppe auf das zurück, was er werth ist. Derselbe sagt:
„Die erste Bedingung ist, daß das Kapital vor dem Beginn
jeder Unternehmung vorhanden sein muß. Nun hat aber das
Ansammeln eines Kapitals von Leuten, welche täglich essen
müssen, welche für Wohnung, Kleidung und viele andere Be=
dürfnisse zu sorgen haben, seine eigenthümlichen Schwierigkeiten.

3

In den Zeiten, wo die größte Arbeitskraft vorhanden zu sein
pflegt, ist auch die Genußsucht am stärksten. Nur wenige gelangen
dahin, diese zu regeln, sich in der Gegenwart etwas zu ver=
sagen, um in der Zukunft größere, wenigstens eblere Genüsse
zu haben. Zweitens erfordert die Verwaltung eines von vielen
in kleinen Beträgen zusammengebrachten Kapitals große Treue
und Aufmerksamkeit, welche nicht geringer sein dürfte, als die=
jenige, welche die Unternehmer eines Geschäfts auf die Erhaltung
und Vermehrung ihres Kapitals verwenden müssen. Nun lehrt
aber wieder die bei allen Aktienunternehmungen sich heraus=
stellende Erfahrung, daß das Vermögen, welches vielen Theil=
nehmern gehört, sehr selten so vorsichtig behandelt wird wie
das eigene. Aus beiden Ursachen ist daher von diesem Vor=
schlage für die Verbesserung der Arbeiterzustände nicht viel zu
hoffen."

In allen Fällen, wo es auf den Erwerb ankomme —
so fährt Koppe fort —, welcher ohne große und dauernde An=
strengung selten zu bewirken sei, müsse der Eigennutz freien
Spielraum haben; der einzelne müsse wissen, daß seine Geschick=
lichkeit, sein Fleiß, seine Kraftäußerung nach dem Grade seiner
Anstrengung belohnt werde. Arbeit und Ablohnung dürften
deshalb nicht weit von einander gerückt werden, damit der ge=
wöhnliche Arbeiter die Ueberzeugung leicht erlange, daß er für
seine Leistungen angemessen bezahlt werde. Bei jeder Antheils=
wirthschaft lägen aber Anfang und Ende, Aufwand und Ertrag
so weit auseinander, daß der einzelne die Uebersicht leicht verliere.
Dazu kämen Mißtrauen und Tadelsucht gegen die Mitbetheiligten
und sehr bald der Glaube, daß der einzelne mehr leiste, als die
anderen; dadurch erkalte aber der Eifer, und von der Ge=
sammtheit werde weniger geleistet, als geleistet werden würde,

wenn jedem einzelnen Arbeiter von dem Arbeitgeber sein Tagwerk
aufgegeben würde. Der Preis der Arbeit habe, wie jede Waare,
seine natürliche Begrenzung. Niemals dürfe er höher gehen,
als die Erfolge werth seien, welche die Arbeit hervorbrächten.
Seien ihre Producte weniger werth, als sie gekostet hätten, so
versiegten die Mittel zu ihrer Unterhaltung. Durch den An=
theilbau kämen die Arbeiter zu den Arbeitgebern in eine un=
natürliche Stellung. Die Arbeiter würden infolge ihrer Mehr=
zahl ihre physische Ueberlegenheit geltend machen und dasjenige
fordern, wozu sie sich jetzt durch einen freien Vertrag ver=
pflichteten. Der Arbeitgeber würde dann in eine weit größere
Abhängigkeit gerathen, als die sei, in welcher bisher die
Arbeiter sich befänden. Diesen ständen Humanität und religiöse
Sympathien zur Seite und wirkten dem Drucke entgegen, welcher
in einigen Fällen allerdings der Vermögensbesitz den Arbeitern
gegenüber ausüben könne.

Die Versuche mit der Association der Arbeiter, mit der
Antheilswirthschaft, welche die Socialisten bisher gemacht haben,
indem sie ihre Lehren auf die Landwirthschaft anwenden wollten,
sind auch sämmtlich gescheitert. Ich erinnere nur an die Ver=
suche von Albert in Roßlau. Man könnte nun wohl dagegen
anführen, daß Verwalter nicht selten einen Antheil von dem
Reinertrag der von ihnen verwalteten Güter erhalten; dieses
Beispiel ist aber deshalb falsch gewählt, weil der Verwalter kein
mechanischer, sondern ein Kopfarbeiter ist.

Einigermaßen rechtfertigen läßt sich der Antheilbau nur
in dem einen Falle, wo zu einer Gutswirthschaft so viel
Ländereien, und zwar zu einem Theil in großer Entfernung
von dem Wirthschaftshofe gelegen, gehören, daß sie sämmtlich
nicht jedes Jahr in Kultur genommen werden können. Ab=

3*

gesehen aber davon, daß solche Güter weder in land-, noch in
volkswirthschaftlicher Hinsicht von Vortheil sind, wäre es in
diesem Falle gewiß auch für Besitzer und Arbeiter vortheil=
hafter, wenn erstere die vom Hofe zu entfernt gelegenen Grund=
stücke zu kleinen ländlichen Niederlassungen (Kolonien) machen
und sie förmlich vom Gutskomplex ausscheiden würden.

Statt des Antheilbaues haben andere die Tantième
empfohlen. Verfasser kann sich aber auch mit diesem Vorschlage,
auf die gewöhnlichen Arbeiter angewendet, nicht befreunden,
und zwar deshalb, weil die Tantième — soll eine gerechte
Vertheilung stattfinden — abgemessen werden müßte nach
Intelligenz, Geschicklichkeit und Fleiß, so zwar, daß der Betrag
der Tantième für den intelligenten, geschickten, fleißigen Arbeiter
ein entsprechend höherer sein müßte, als für den weniger intelli=
genten, weniger geschickten, weniger fleißigen. Dadurch würde
aber ein Zankapfel unter die Arbeiter geworfen werden und
die Wirthschaft würde darunter in jeder Beziehung sehr zu
leiden haben.

Jedenfalls gibt es noch andere einfachere und sicherere
zum Ziele führende Mittel, die ökonomische Lage der Arbeiter
zu verbessern, als Antheilwirthschaft und Tantième. Diese
Mittel sind nach meiner unmaßgeblichen Ansicht Akkordarbeit in
Verbindung mit Prämien und kombinirter Geld= und
Naturallohn.

Was die Akkordarbeit anlangt, so ist schon oben
hervorgehoben worden, daß der Arbeitslohn einer Gutswirth=
schaft eine große Summe ausmacht und daß eine Ermäßigung
desselben oft zu einer bedeutenden Ersparniß für den Wirth
führen würde, daß derselbe aber, wenn er die erforderliche
Umsicht und Gewandheit besitzt, daraus nicht insofern Vortheil

ziehen wird, als er dieselben Arbeiten mit weniger Händen als sein Gutsnachbar ausführt, sondern dadurch, daß er durch bessere Kultur höhere Erträge gewinnt, wenn dadurch auch mehr Arbeit aufgewendet, die Summe des Arbeitslohnes also vergrößert wird. Nun gibt es aber kaum etwas, das größeren Einfluß auf die Ausführung der Arbeit hat, als die Art, in welcher letztere bezahlt wird, und von diesem Gesichtspunkte aus betrachtet ist Akkordarbeit am vorzüglichsten und empfehlens= werthesten. Der Arbeiter wird, welche Arbeit er auch zu ver= richten hat, auf zwei Arten bezahlt, entweder nach der Zeit, welche er auf die Arbeit verwendet, oder nach dem Arbeits= quantum, welches er geliefert hat. Die letztere Ablohnungsart erscheint offenbar beim ersteren Anblick als die richtigere. Zwei Operationen, welche gleichviel Arbeit und Geschicklichkeit er= fordern und gleich gut ausgeführt werden, sollten allerdings gleich hoch bezahlt werden, wie viel Zeit auch ein jeder der beiden Arbeiter darauf verwendet haben mag. Allein eine Arbeit wird nur dann richtig bezahlt, wenn ihr Werth so= wohl nach ihrer Güte als nach ihrer Menge bestimmt wird. Der Werth der Arbeit wird jedoch nicht so, wie es bei der Menge derselben nothwendig der Fall ist, dem Willen oder der Fähigkeit der Arbeiter überlassen. Welche Löhnungsart man auch wählen mag, die Qualität der zu verrichtenden Arbeit wird nur durch die persönliche Aufsicht des Arbeitgebers oder dessen Beamten gesichert. Die gedankenlose Sorglosigkeit des stumpfen Taglöhners ist ebenso sehr zu fürchten, als die un= redliche Sorglosigkeit des stückweise bezahlten Arbeiters, welcher seine Arbeit pfuschermäßig fertigt. Es scheint hiernach eine ganz richtige Ansicht zu sein, daß, wenn der Arbeitgeber seine Ar= beiter nur gehörig beaufsichtigt, er bei der Wahl der Ablohnungs=

art keine Rücksicht auf ihren Einfluß hinsichtlich der Qualität der Arbeit zu nehmen nöthig hat. Dagegen ist der Einfluß der Ablohnungsart auf die Menge der Arbeit ein Gegenstand, welchen der Arbeitgeber durchaus in Betracht zu ziehen hat, und in dieser Hinsicht verdient die Akkordarbeit den Vorzug. Die= selbe erhebt den Arbeiter über die langsame, maschinenmäßige Arbeit im Taglohn, weil sie ihn nicht nur zum Fleiß, sondern auch zum Nachdenken, zur Aneignung von Fertigkeit und Ge= schicklichkeit aneifert, und so hat die Akkordarbeit nicht allein das Gute, daß sie dem Arbeiter mehr zu verdienen gestattet, als im Taglohn, sondern daß sie auch geschicktere, in ihrer Art gebildetere Arbeiter heranzieht.

Aehnlich sprechen sich Teichmann, Koppe und Grünfeld in der Illustr. Landw. Zeitung aus.

Nach Teichmann läßt sich für das Arbeiten im Gedinge Folgendes anführen: Es wird die Schlaffheit und Faulheit zur Thätigkeit angetrieben. Dieses führt zu besserer Benutzung der Stunden, welche außer der gewöhnlichen Arbeitszeit liegen. Es wird überhaupt die oft nur knapp zugemessene Zeit und Kraft weit besser benutzt. Die Arbeiter werden an Thätigkeit gewöhnt, verdienen in einer gegebenen Zeit mehr, können unter günstigen Umständen etwas zurücklegen und unter ungünstigen leichter durchkommen, als die Arbeiter im Taglohn. Arbeiter, welche mit ihren Frauen, auch wol erwachsenen Kindern in der Ernte und sonst die wichtigsten Arbeiten im Gedinge ver= richten und Kartoffelland gegen Dünger oder billige Bezahlung von dem Arbeitgeber erhalten, werden, wenn sie nicht einen ihnen nicht zukommenden Aufwand machen, selbst dann mit ihren Angehörigen nicht in Noth gerathen, sondern ihr gutes Aus=

kommen haben, wenn auch eine ungewöhnliche Steigerung der Lebensmittel eintritt.

Koppe sagt: „Die Verding= oder Akkordarbeiten sind unter allen Umständen zu begünstigen und es ist darauf zu sinnen, daß die Ablohnung der Arbeit nach der Zeit, wo es irgend zulässig ist, ganz abgeschafft wird. Aufsicht erfordert die Arbeit nach der Zeit ebenfalls, und wenn man die Leistungen in Betracht zieht, so ist der Aufwand bei der Akkordarbeit geringer, als bei den Arbeiten nach der Zeit oder im Taglohn. Die Akkordarbeit bietet namentlich während Theuerung die beste Gelegenheit, die Arbeiter so zu stellen, daß ihr Auskommen gesichert ist. Größere Arbeitsleistungen durch dieselben Hände zu erzielen, ist die Aufgabe, durch welche ebensowol der Vor= theil des Arbeitgebers als der der Arbeiter befördert wird. Die Bedürfnisse des letzteren sind mehr von der Zeit abhängig, als von der Anstrengung seiner Kräfte. Sinnt er darauf, wie er durch verbesserte Werkzeuge seine Leistungen erhöht, so bringt er es leicht dahin, daß er in Einem Tage mehr, als bei dem gewöhnlichen Schlendrian der Taglohnarbeit in zwei Tagen verrichtet, ohne seine Kräfte zum Nachtheil seiner Gesundheit über die Gebühr anzustrengen. Der Arbeitgeber muß sich dieses Fortschrittes seiner Arbeiter in deren Leistungsfähigkeit freuen und es ihnen gern gönnen, daß sie ihr Kapital, in Arbeitskraft bestehend, höher ausnutzen. Ist er freilich so eng= herzig, daß er Versuche macht, den Akkordlohn herabzudrücken, nachdem er die höhere Leistungsfähigkeit seiner Arbeiter hat kennen lernen, so wird er es nie dahin bringen, daß sie sich anstrengen, jene zu zeigen."

Grünfeld hebt hervor, daß sich fast alle landwirthschaft= lichen Arbeiten im Akkord verrichten lassen; daß eine bestimmte

Anzahl Arbeiter, welche sich verbindlich machen, alle vorkommenden Arbeiten auf einem Gute im Akkord auszuführen,
mehr verdienen, als wenn sie im Taglohn arbeiten; daß zwei
Männer im Akkord ebensoviel Arbeit leisten, als drei Männer
im Taglohn; daß das eigene Interesse des Akkordarbeiters
genau in Verbindung steht mit der Zeit und dem Verdienst;
daß daher 12 Leute im Akkord so viel leisten, als 18 Leute im
Taglohn; daß sich somit die Arbeiter und der Arbeitgeber bei
dem Akkord besser stehen, als beim Taglohn, und daß bei
jenem auch der Mangel an Arbeitern weniger empfindlich ist,
als bei der Taglohnarbeit.

Man könnte gegen die Akkordarbeit, wie sie oft ausgeführt wird, ernstliche Einwände machen, an eine sehr große
Zahl Arbeiter denken, welche zusammen angestellt sind und
dann auf einem Brete abgelohnt werden, ein Verfahren, welches
allerdings sicher dazu beitragen würde, Unbedachtsamkeit und
wüstes Leben zu befördern. Dies ist jedoch keineswegs eine
nothwendige Folge jenes Systems. Die Arbeiten, welche in
der Landwirthschaft in den verschiedenen Monaten des Jahres
vollendet werden müssen und die ein wohlwollender Arbeitgeber
möglichst gleichmäßig durch das ganze Jahr vertheilen wird,
bleiben dieselben, welche Löhnungsart auch gewählt werden
möge. Wenn sich daher ein Landwirth entschlossen hat, diese
Arbeiten in Akkord zu geben, so braucht deshalb die Zahl
seiner Arbeiter nicht geändert zu werden, noch ihre Beschäftigung
weniger beständig zu sein, noch ist es nothwendig, daß das
Gesinde nicht mehr in festem Dienst steht.

Eine vorzügliche, aus der Praxis entlehnte Ablohnungsart ist die nachstehende: Auf einem Gute sind neben den
ständigen Dienstboten eine gewisse Anzahl Arbeiter beständig

beschäftigt. Diese sind ihres Fleißes, ihrer Ausdauer, ihrer Geschicklichkeit halber gewählt worden und erhalten, auch wenn sie diese und jene Arbeiten im Taglohn verrichten, einen höheren Lohn als gewöhnlich. Diesen Leuten werden alle Arbeiten, die sich verdingen lassen, in Akkord gegeben. Auf diese Weise sind sie ungefähr zwei Drittel des Jahres beschäftigt. Sind sie nicht im Stande sämmtliche Arbeiten zu bewältigen, so miethen sie fremde Arbeiter für einen Lohn, der dem Herrn angegeben und von diesem gebilligt wird, oder auch unter Bedingungen, welche sie zu Theilnehmern an dem Kontrakte machen. Die gemietheten Arbeiter stehen auf diese Weise fast ebenso unmittelbar unter der Aufsicht des Arbeitgebers, als wenn er sie selbst in Dienst genommen hätte, und ihr Fleiß wird dadurch gesichert, daß sie Theilnehmer einer Gesellschaft sind, deren sämmtliche Mitglieder daran Interesse haben, die Arbeit bald zu vollenden. Nach Verlauf einiger Jahre lernen sowol der Arbeitgeber als die Arbeiter den wahren Preis der Arbeiten, über welchen sie kontrahirten, sehr genau schätzen und die Feststellung der Bedingungen hat dann nur geringe Schwierigkeiten. Bei der ersten Anordnung dieses Systems werden sich allerdings Schwierigkeiten mancher Art ergeben, diese lassen sich aber am besten auf die Weise beseitigen, daß die Arbeit im Taglohn begonnen wird, daß die Arbeiter einen ganzen Tag hindurch unter beständiger Aufsicht gehalten werden und nach dem, was sie am Ende des Tages geleistet haben, der wirkliche Werth der Arbeit berechnet wird. Zur Zufriedenheit beider Theile ist es durchaus nothwendig, daß jeder dabei Betheiligte die Bedingungen des Kontrakts vollständig verstanden hat, ehe die Arbeit begonnen wird. Auch ist es von Vortheil, bei der einmal getroffenen Uebereinkunft fest stehen zu bleiben, selbst wenn die Arbeiter im Anfange Verlust haben sollten. Der Arbeitgeber kann ihnen in anderen Fällen günstigere Bedingungen stellen, darf aber keine Extravergütung für den Verlust geben, denn dies würde in anderen Fällen Hoffnung machen, anders als durch Fleiß Geld zu verdienen.

Mit der Akkordarbeit können sehr zweckmäßig noch Prämien verbunden werden, das heißt Geldgeschenke, die der Arbeitgeber freiwillig denjenigen Arbeitern gewährt, welche das ganze Jahr hindurch sehr fleißig, ausdauernd und geschickt gearbeitet, nach allen Richtungen das Interesse des Arbeitgebers beobachtet und sich dabei durch ein sittlich gutes Betragen und durch Sparsamkeit ausgezeichnet haben. Dadurch wird der tüchtige Arbeiter noch mehr angespannt zum Fleiß, zur Ausdauer, zur Aneignung von nützlichen Kenntnissen, zur Treue gegen den Arbeitgeber, zur Sparsamkeit und Nüchternheit, und das gute Beispiel, welches solche Arbeiter geben, wirkt gewiß in vielen Fällen auf diejenigen zurück, welche jene Eigenschaften und Tugenden in geringerem Maße besitzen. Und so können und werden Prämien, auf die angegebene Weise ertheilt, zur Erhebung der Arbeiter in jeglicher Beziehung beitragen. Die Prämiirung tüchtiger Arbeiter sollte auch bei Ausstellungen stattfinden, insofern sich jene bei der Schaffung preiswürdiger Gegenstände betheiligt haben. Eine solche Prämiirung verdient unstreitig die größte Beachtung von Seite aller landwirthschaftlichen Vereine, welche Ausstellungen veranstalten und damit Preisvertheilungen verbinden. Man sollte dabei nicht nur die Besitzer der ausgezeichneten preiswürdigen Stücke mit Prämien bedenken, sondern auch die Arbeiter und Arbeiterinnen, welche zur Hervorbringung der ausgezeichneten Gegenstände mitgewirkt haben. Namentlich sollte eine Prämiirung der Dienstboten bei allen Viehgattungen platzgreifen, welche von dem Gesinde gefüttert und und gepflegt worden sind und in deren Hand es daher mit gelegen hat, die Thiere in einen vorzüglichen Zustand zu bringen und in demselben zu erhalten. Erhält der Dienst= bote für derartige Bestrebungen und Leistungen einen Preis, so wird er angespornt, in Zukunft noch mehr und Besseres zu leisten.

Die in Geld bestehenden Prämien dürfen aber den Ar= beitern nicht in baarer Münze, sondern als Sparkasseneinlagen in die Hände gegeben werden, über die sie ohne Einwilligung des Arbeitgebers nicht zu verfügen haben. Die durch Prämien entstandenen Sparkasseneinlagen sollen zinstragend stehen bleiben, damit sie einen Fonds bilden, der entweder zur Unterstützung in alten Tagen oder zur Erwerbung irgend eines Grundstücks dient.

Wird mit der Akkordarbeit und den Prämien noch kom= binirter Geld= und Naturallohn verbunden, dann er= reicht die Ablohnungsart der Arbeiter die höchste Stufe der Rationalität. Ein so kombinirter Lohn hat nämlich vor dem ausschließlichen Geldlohn die großen Vorzüge, daß er mehr im Einklange steht mit den Preisen der nothwendigsten Lebens= bedürfnisse, daß namentlich der Arbeiter mit seiner Familie bei Getreidetheuerung — wo der Geldlohn kaum zur Beschaffung des nothwendigen Brotgetreides ausreichen würde — gegen Mangel geschützt ist. Gegenstände des Naturallohnes können alle diejenigen unentbehrlichen Lebensbedürfnisse sein, welche der Arbeiter nicht selbst erzeugt, insbesondere Brotgetreide, Hülsenfrüchte. Butter, Milch, Käse und, wo mit Landgütern Waldungen oder Braunkohlengruben verbunden sind, das er= forderliche Brennmaterial. Es versteht sich übrigens von selbst,

daß, wenn der Naturallohn eine Wohlthat für den Arbeiter
sein soll, die Preise der Naturalien von dem Arbeitgeber billig
gestellt werden müssen. Sie sollen um ein gewisses Maß
von Procenten unter den Marktpreisen stehen.

Der schon oben citirte Grünfeld dehnt den Naturallohn
noch weiter aus. Derselbe sagt: „Gar nicht an Arbeitern fehlt
es und dieselben befinden sich in einer günstigen ökonomischen
Lage, wo neben dem Geldlohn Naturallohn verabreicht wird.
Die Arbeiter sind dann betheiligt an den Ernteerträgnissen,
im Sommer mit dem Einbringen der Ernte, im Winter mit
dem Dreschen beschäftigt. In manchen Gegenden und Wirth=
schaften wird als Naturallohn bei der Ernte die zehnte Garbe,
beim Dreschen (natürlich mit dem Flegel) das 16. Maß, ander=
wärts die 13. Garbe, resp. das 14. Maß gegeben. Außerdem
erhält jedes Arbeitspaar (Mann und Frau) etwa ½ Acker
Feld zu Kartoffeln, Rüben und Lein. Das Mähen und Dürre=
machen des Futters auf Wiesen und Feldern wird nebenbei
im Akkord verrichtet. Arbeiterfamilien in Dörfern, wo sich
Rittergüter oder größere Bauernwirthschaften befinden, ernähren
sich, wenn sie einmal einen solchen Arbeitsposten erlangt haben,
das ganze Jahr hindurch und können sich bei ordentlicher Haus=
haltführung noch etwas erwerben, um sich ein Haus, einen Acker
Land zu kaufen. Sie lernen sich vom Anfang ihres Ehestandes
an häuslich einrichten, halten sich eine Kuh, ein paar Schweine
u. s. w. Bei dem kombinirten Geld= und Naturallohn ist nie
eine solche Nahrungslosigkeit der Arbeiter wahrzunehmen, als
da, wo nur baares Geld für Taglohn entrichtet wird. Wo
das eigene Interesse der Arbeiter mit dem des Arbeitgebers so
innig verbunden ist, wie bei dem kombinirten Geld= und
Naturallohne, da fehlt es nie an Arbeitskräften und jede

Arbeit geht so schnell als möglich von statten. Nicht allein
das materielle Interesse kommt bei dem Naturallohn in Be=
tracht, sondern dasselbe wirkt auch auf die Moralität der Arbeiter
und ihrer Familien. Leider wird der Naturallohn in neuerer
Zeit immer mehr abgeschafft und alle Arbeiten werden mit
baarem Gelde bezahlt. Die Arbeitgeber glauben dabei ihr
eigenes Interesse mehr gesichert; sind sie denn aber nicht ver=
pflichtet als die, welche mit Grundbesitz gesegnet sind, auch das
materielle und sittliche Wohl ihrer Arbeiter im Auge zu haben?
Wir haben Zeiten erlebt, wo sich die Arbeitgeber glücklich
schätzten, ihre Arbeiter theilweise mit Naturalien ablohnen zu
können, wo nämlich die Fruchtpreise sehr niedrig waren; die
Arbeiter haben darüber nicht gemurrt, sondern sich, so gut es
gehen wollte, gefügt; da aber seit mehreren Jahren alle land=
wirthschaftlichen Produkte theurer geworden sind, sollen die
landwirthschaftlichen Arbeiter nicht auch diese für die Arbeit=
geber günstige Periode mit genießen? Es kann auch wieder
einmal eine sehr wohlfeile Zeit kommen; dann würde die Last
derselben den Arbeitgebern allein zufallen; sie würden hohen
Geldlohn zahlen müssen und geringeren Erlös aus dem Getreide
haben. Die Abgabe bei dem Naturallohn, vorzüglich des
Strohes, erscheint manchem Landwirth als der Untergang seiner
ganzen Wirthschaft; wem aber eine 40jährige Erfahrung zur
Seite steht und diese Verhältnisse noch weiter zurück kennen
gelernt hat und dazu den Unterschied kennt, wie sich ähnliche
Wirthschaften beim Taglohn und lediglich baarer Ablohnung
befinden, der wird nicht von dem kombinirten Geld= und Na=
turallohn mit Affordarbeit abgehen. Die Strohabgabe kommt
bei einer rationellen Bewirthschaftung nicht in Betracht; die
Felder verspüren nie eine Verminderung der Düngung; was

aber das Beste ist, man hat jederzeit zuverlässige Arbeiter, welche sich satt essen können, was dann der Fall nicht ist, wenn sich der ländliche Arbeiter Alles für baares Geld kaufen muß."

Beförderung des Sparens der Arbeiter durch Betheiligung an den Sparkassen.

Es ist bereits in meiner „Encyclopädie der gesammten Land= wirthschaft" darauf hingewiesen worden, daß die Sparkassen eine der segensreichsten Institutionen unseres Jahrhunderts sind, da sie die augenblickliche zinstragende Anlegung auch der kleinsten Ersparnisse vermitteln. Ihr segensreiches Wirken ist so= wol in materieller als in sittlicher Hinsicht von der größten Wichtigkeit, und mit Recht nennt eine geachtete Autorität den Grad der Benutzung der Sparkassen einen zuverlässigen Baro= meter der geselligen Zustände eines Volkes. Die Sparkassen äußern namentlich in zweifacher Hinsicht ihren Einfluß auf das Wohl der arbeitenden Klassen, einmal, indem sie auf die Mo= ralität günstig einwirken, dann, indem sie durch allmäliges An= sammeln eines kleinen Kapitals entweder den Erwerb eines kleinen Grundbesitzes begünstigen oder einen Rückhalt bei Noth= ständen oder in alten Tagen, wo die Arbeitskraft erlahmt, ge= währen. Von diesem Gesichtspunkte aus betrachtet gibt es kaum eine andere ähnliche Einrichtung, welche so wohlthätig in die Verhältnisse der arbeitenden Klassen eingreift. Sie zeigt die Möglichkeit eines Erwerbes auch bei denjenigen, welchen nur kleine Summen zufließen; dadurch wird aber das Bestreben nach Erwerb hervorgerufen und befestigt, um später einen selbst= ständigen Haushalt gründen zu können. Dieses Streben aber gibt schon eine ernstere solidere Richtung, arbeitet einer Ver= schwendungssucht entgegen, welche in dem Arbeiterstande längst zum Krebsschaden geworden ist, hält mindestens von manchen Ausgaben ab, welche ebenso unnöthig als zwecklos sind, und wenn auch der Anfang ein kleiner ist, das Interesse wächst mit dem Kapital, und es geschieht dadurch der erste Schritt zur Ansammlung eines kleinen Vermögens, das, sei es als Grund- oder Betriebskapital oder als Nothpfennig, eine wichtige Rolle in den Lebensverhältnissen der Betheiligten spielt. So wirken Sparkassen auf sittliche Besserung und Förderung des Wohlstandes einer Volksklasse, welche die Aufmerksamkeit unserer Zeit am meisten in Anspruch nimmt. Hierzu ist es aber unbedingt nothwendig, daß diese wohlthätigen Institute den Arbeitern so nahe als möglich gerückt werden, daß jede Stadt, selbst die kleinste, ihre selbsteigene Sparkasse hat, in welche auch die Bewohner der umliegenden Dörfer ihre Ersparnisse einlegen können. Uebrigens vermögen auch die Besitzer oder Pächter größerer Landgüter Sparkassen zu gründen, welche für ihre Arbeiter besonders berechnet sind.

Gegen die Benutzung der Sparkassen von Seiten der Arbeiter hört man nicht selten, insbesondere aus demokratischen Kreisen, den Einwand, daß der Arbeiter gar nicht in der Lage sei, Ersparnisse zu machen, da der Lohn, welchen derselbe verdiene, kaum ausreiche, um die nothwendigsten Lebensbedürfnisse zu erschwingen. Wird aber die Ablohnung der Arbeiter so geregelt, wie in dem vorhergehenden Abschnitt empfohlen worden ist, verdienen neben dem Familienhaupte die Frau und die der Schule entwachsenen Kinder, ist der Mann fleißig, nüchtern, sparsam, die Frau eine gute Haushälterin, so ist es keinem Zweifel unterworfen, daß von dem wöchentlichen Verdienst ein Theil erübrigt und der Sparkasse übergeben werden kann. Arbeiter freilich, welche während oder nach der Arbeit einen großen

Theil ihres Verdienstes vertrinken oder mittelst der modischen
Cigarre in die Luft blasen, wol auch noch Abends in dem
Wirthshause spielen, sind nicht in der Lage, der Sparkasse er-
übrigte Gelder anvertrauen zu können; solche Arbeiter, welche
nur ihre eigene Person berücksichtigen, Frau und Kinder dagegen in Hunger und Kummer verkommen lassen, sind, weil in
der Regel unverbesserlich, hinsichtlich der Bestrebungen, die ökonomische Lage der Arbeiter zu verbessern, von vornherein nicht
zu berücksichtigen. Daß in allen Fällen Dienstboten, aus welchen sich später die selbstständigen Arbeiter rekrutiren. sparen
können, bedarf keiner weitern Ausführung.

Einführung von Kranken= und Sterbekassen.

Wenn auch der landwirthschaftliche Arbeiter infolge seiner Verrichtungen im Freien, welche den Körper stärken und
die Gesundheit besser und länger bewahren, weniger von Krankheiten heimgesucht wird, als der Fabrikarbeiter, so ist er doch
Krankheiten nicht ganz entrückt. Körperverletzungen bei seinen
Arbeiten kann er sich aber häufiger zuziehen, als der Fabrikarbeiter. Kommt nun der Fall vor, daß ein landwirthschaft-
licher Arbeiter, vielleicht der Ernährer einer zahlreichen Familie,
erkrankt und längere Zeit erkrankt darniederliegt, so müssen
daraus große Uebelstände hervorgehen, da der Ernährer der
Familie, so lange ihn das Krankenbett fesselt, keinen Verdienst
hat. Auch die Hausfrau, welche in gesunden Tagen des Mannes
diesem folgt behufs der Arbeit und des Verdienstes, auch sie
muß der geldbringenden Arbeit entsagen, um daheim den kranken Gatten zu pflegen, und so hört denn aller Verdienst der
Familie auf; dieselbe sieht sich infolge dessen vielfach genöthigt,
die wenigen Habseligkeiten zu veräußern, oder sich auf das

Erbarmen ihrer Mitmenschen zu verlassen, oder die Kinder aus=
zuschicken, um das tägliche Brot zu erbetteln, oder die Familie
fällt der Gemeinde zur Last. Mangel oder Kummer wirken
aber höchst ungünstig auf den Kranken ein. Ist er ein recht=
schaffener Familienvater, so grämt er sich über den Nothstand
seiner Familie; er entbehrt der genügenden, gesunden und kräf=
tigen Nahrung und siecht deshalb länger, als es der Fall sein
würde, wenn er die Seinigen nicht in Noth wüßte, wenn er zu
seiner Kräftigung die erforderliche Nahrung hätte.

Noch größer wird aber die Noth einer Arbeiterfamilie,
wenn Vater oder Mutter stirbt. Hat vielleicht schon eine lang=
wierige Krankheit das Letzte hinweggerafft, so fehlt es nun an
Allem, um den Toden unter die Erde zu bringen. Wenn aber
auch eine langwierige, mit großen Opfern verbundene Krank=
heit dem Tode nicht vorangegangen ist, so wird doch stets ein
solcher Sterbefall die Familie um so mehr in eine traurige Lage
versetzen, als sie nur zu oft nicht im Besitz der Mittel ist,
welche ein Begräbniß erfordert.

Um nun den Nothstand der landwirthschaftlichen Arbeiter=
familien, hervorgegangen durch Krankheit oder Tod, wenn auch
nicht ganz zu heben, so doch wesentlich zu lindern, ist es Guts=
herrschaften und Gemeinden dringend zu empfehlen, für die
selbstständigen Arbeiter Kranken= und Sterbekassen zu gründen.
Die Arbeitgeber handeln, wenn sie dieses thun, auch nur in
ihrem eigenen Interesse, weil sie dann weniger Opfer zu bringen
haben. . Kranken= und Sterbekassen sind auch da nicht über=
flüssig, wo sich die Arbeiter an der Sparkasse betheiligen, da
die in derselben niedergelegten Ersparnisse hauptsächlich den
Zweck haben, ein kleines Grundstück zu erwerben oder im Alter,

wo der Verdienst gering ist, vielleicht ganz aufhört, nicht dar=
ben zu müssen.

Die Errichtung von Kranken= und Sterbekassen wird sich
um so leichter ermöglichen lassen, wenn zu denselben nicht nur
die Arbeiter, sondern auch die Arbeitgeber beisteuern. Ohne
Zweifel wird ein kleiner wöchentlicher Beitrag zu dieser Kasse
von jedem Arbeiter, welcher nicht blos der Gegenwart lebt, son=
dern auch für die Zukunft bedacht und für seine Familie be=
sorgt ist, gern geleistet werden in der Voraussicht, dadurch frü=
her oder später große Bekümmernisse zu beseitigen oder doch
sehr zu mildern. Kranken= und Sterbekassen sind für die hand=
arbeitende Klasse das, was für die Bemittelten die Lebens=
Versicherungsgesellschaften sind. Man hat zwar die Be=
theiligung an denselben auch den Arbeitern empfohlen; es ist
aber keinem Zweifel unterworfen, daß für dieselben die Be=
theiligung an einer Sparkasse und einer Kranken= und Sterbe=
kasse weit leichter ist und die erstrebten Zwecke noch sicherer er=
reicht. Schon der Umstand ist von wesentlicher Bedeutung, daß
Einlagen in die Sparkassen nur dann geschehen, wenn dieselben
erübrigt werden können, während die Prämie, welche die Le=
bensversicherung erheischt, pünktlich zu gewissen Terminen ab=
geführt werden muß, wenn die Police nicht verfallen soll. Viel=
fach ist aber der Arbeiter nicht im Stande, einen für ihn nicht
unbedeutenden Geldbetrag zu einer bestimmten Zeit beschaffen
zu können. Dazu kommt, daß die Zinsen der in die Sparkasse
eingelegten Gelder zum Kapital geschlagen werden können und
daß sich dieses dadurch und durch fortgesetzte Einzahlungen in
verhältnißmäßig kurzer Zeit nicht unbedeutend vermehrt. Es
ist ferner zu erwägen, daß, wenn der Arbeiter sein Leben ver=

sichert und nicht Mitglied einer Krankenkasse ist, er bei Er=
krankungsfällen keine Unterstützung erhält.

Betheiligung der Arbeiter an einer Unfall= Versicherungsanstalt.

Es ist aber nicht genug, daß der Arbeitgeber der Kranken=
und Sterbekasse entweder zeitweilig freiwillige oder fortgesetzt
bestimmte Beiträge widmet, sondern er muß seine Arbeiter auch
bei einer Unfall=Versicherungsanstalt versichern. Dieses erfor=
dert schon sein eigenes Interesse, denn die Statistik hat nach=
gewiesen, daß bei landwirthschaftlichen Verrichtungen mehr Ar=
beiter verletzt und getödtet werden, als bei andern Arbeits=
branchen. Nun legt aber die neueste Gesetzgebung den Arbeit=
gebern die Verbindlichkeit auf, für die in ihrem Dienste verun=
glückten Arbeiter, resp. deren Familien, wenn die Verunglückung
der Arbeiter nicht durch eigenes grobes Verschulden geschah, zu
sorgen. Ist der Arbeitgeber nicht bei einer Unfall=Versiche=
rungsanstalt betheiligt, so kann die Versorgung der in seinem
Dienste verunglückten Arbeiter nicht unbedeutende Summen in
Anspruch nehmen. Aber auch im Interesse der Arbeiter han=
delt der Arbeitgeber, wenn dieser jene bei einer Unfall=Versiche=
rungsanstalt versichert, weil dann die Arbeiter wissen, daß sie
bei Verunglückung ihre Familien nicht in der bittersten Noth
hinterlassen.

Hiermit erfüllen aber die Arbeitgeber ihre Pflichten gegen
die Arbeiter noch nicht vollständig; vielmehr müssen dieselben
auch noch

Invalidenkassen

gründen. Eine solche Kasse sollte jedes kleinere Land je eine,
in größern Ländern jede Provinz eine haben. Denn es ist

4*

nicht dem mindesten Zweifel unterworfen, daß der so fühlbare
Mangel an landwirthschaftlichen Arbeitern einerseits und die
Arbeiteragitationen andererseits zu einem nicht geringen Theil
Folgen des Umstandes sind, daß die Arbeiter, wenn sie ihre phy=
sischen Kräfte und zum Theil ihre Gesundheit in der Jugend
und im reiferen Mannesalter im Dienste der Landwirthschaft
aufgerieben, resp. geopfert haben, in ihren alten Tagen verlassen
sind und mit Nahrungssorgen zu kämpfen haben. Dies wird
selbst dann in größerem oder geringerem Maße der Fall sein,
wenn die Arbeiter auch ein kleines Kapital in der Sparkasse
haben. Wer kann es aber unter solchen Verhältnissen den Mit=
tellosen verargen, wenn sie Bedenken tragen, ihr Fortkommen
als landwirthschaftliche Arbeiter zu suchen, wenn sie vielmehr
darauf bedacht sind, einem Erwerb nachzugehen, der sie voraus=
sichtlich im Alter weniger darben läßt, der ihnen auch Gelegen=
heit bietet, einen Familienstand zu gründen und besser zu er=
halten und in eine Unterstützungskasse einzutreten! Vorzugs=
weise sind es die landwirthschaftlichen Arbeiter, welche, wenn
sie wegen vorgerückten Alters, Krankheit oder Verunglückung
unfähig sind, sich ihren Unterhalt zu erwerben, dem
Mangel preisgegeben sind, zumal es nicht wenige Dienstherr=
schaften gibt, welche die in ihrem Dienste ergrauten Arbeiter,
wenn diese zu anstrengenden Arbeiten nicht mehr die erforder=
lichen Kräfte besitzen, entweder ganz beseitigen oder es ihnen
fühlen lassen, daß sie überflüssig sind und nur das Gnadenbrot
essen. Ja noch mehr! Manche Arbeitgeber lassen den Zeit=
punkt, wo die in ihrem Dienste ergrauten und entkräfteten Ar=
beiter nicht mehr so viel leisten können als in ihren jungen
Jahren, gar nicht herankommen, sondern entfernen dieselben,
obschon sie lange Jahre treu gedient haben. Die Folge hier=

von ist nicht nur Mangel an Treue der Arbeiter, sondern Mangel an denselben überhaupt, da eine große Zahl derjenigen jungen Leute, welche wol geneigt wären, landwirthschaftliche Arbeiten zu verrichten, wenn ihnen eine freundlichere Aussicht für ihre alten Tage winkte, sich entweder einem Handwerk widmen oder, was noch häufiger geschieht, in Fabriken Beschäftigung und Unterhalt suchen. Daher hier Ueberfüllung, dort Mangel.

Soll nun dem Mangel an landwirthschaftlichen Arbeitern gesteuert, soll zugleich den Agitationen derselben ein Hemmschuh angelegt werden, so muß man ihnen — außer den schon angegebenen Mitteln zur Verbesserung ihrer ökonomischen Lage — eine freundlichere Aussicht für ihre alten Tage, für das Invalidenthum, eröffnen, damit sie Lust und Muth bekommen, in einen Stand einzutreten, welcher bis jetzt denen, die sich ihm widmeten, in sehr vielen Fällen eine trübe Zukunft in Aussicht stellte. Es liegt deshalb nicht blos im Interesse der Arbeitgeber, sondern auch der Gemeinden und des Staates, Sorge für das Inslebentreten von Invalidenkassen zu tragen.

Einen Plan für derartige Kassen hat in neuerer Zeit der Landeskulturrath für das Königreich Sachsen entworfen und veröffentlicht. Hiernach soll die Unterstützungskasse den landwirthschaftlichen Arbeitern bei Krankheit*) und Hinfälligkeit im erwerblosen Alter Unterstützung gewähren. Die Mittel dazu sollen durch Beiträge von Seiten der Arbeiter und Arbeitgeber und durch freiwillige Geschenke aufgebracht werden. Als Förderer der Invalidenkasse sollen alle diejenigen Arbeitgeber gel-

---

*) Wo bereits Kranken- und Sterbekassen bestehen, werden hier Krankheitsfälle unberücksichtigt bleiben können.

ten, welche von dem Eintrittsgelde und den regelmäßigen Bei=
trägen derjenigen Arbeiter, welche der Invalidenkasse als ordent=
liche Mitglieder erster Klasse beitreten, die Hälfte zahlen; ferner
diejenigen, welche eine verzinslich anzulegende Schenkung von
mindestens 100 Thlr. machen oder eine Einzahlung zur Kasse
leisten, welche mindestens 1 Pfennig pro Steuereinheit ihres
Besitzthums beträgt. Jeder Arbeiter, welcher der Invalidenkasse
beitreten will, darf das 45. Lebensjahr nicht überschritten haben,
muß gesund sein und darf nicht in notorisch schlechtem Rufe
stehen. An Eintrittsgeld werden von jedem männlichen Ar=
beiter 15, von jedem weiblichen 10 Groschen erhoben, während
der jährliche Beitrag auf 1 Thlr. für männliche, auf $^2/_3$ Thlr.
für weibliche Arbeiter, wenn dieselben das 35. Lebens=
jahr noch nicht erreicht haben, dagegen auf $1^1/_4$ Thlr. für die
männlichen und $^5/_6$ Thlr. für die weiblichen Arbeiter, wenn
dieselben bereits das 35. Lebensjahr überschritten haben, nor=
mirt ist. Die Beitragszahlung hört mit dem Zeitpunkte auf,
wo die Arbeiter berechtigt sind, eine Alters= oder Invaliden=
rente zu beanspruchen.

Wird zugleich mit der Invalidenkasse eine Krankenkasse
verbunden, so beträgt das wöchentliche Krankengeld für ein
männliches Mitglied $^1/_2$, für ein weibliches $^1/_3$ Thlr. Die Un=
terstützung wird aber erst von der zweiten Woche der Krankheit
ab und, bei lange dauernden Krankheiten, höchstens 25 Wochen
lang ausgezahlt. Bei Bewilligung des Krankengeldes wird
vorausgesetzt, daß die Krankheit die Ausübung der gewöhnlichen
Arbeit hindert und daß das Leiden nicht von einem unsittlichen
Lebenswandel herrührt. Empfänger von Alters= und Inva=
lidenrenten haben keinen Anspruch auf Krankengeld.

Die Altersrente beginnt mit erfülltem 65 Lebensjahre.

Für den Fall schwerer Verletzungen oder namentlich früherer Hinfälligkeit eines Mitgliedes, wenn dasselbe das 30. Lebensjahr erreicht hat, wird die Altersrente als Invalidenrente verabreicht. Die Höhe derselben richtet sich nach dem vorhandenen, zinsbar angelegten Kapitalstock. Man darf wol annehmen, daß das Kapital mit der Zeit nicht unbedeutend wächst, wenn man bedenkt, daß eine nicht geringe Zahl Arbeiter, ehe sie Unterstützung bedürfen, sterben oder zu andern Beschäftigungen übergehen.

Nebenbei kann und soll in jeder Gemeinde eine

Arbeitsanstalt

in das Leben gerufen werden. Dieselbe hat den Zweck, behufs einer sachgemäßen und wohlthätigen Unterstützung der Arbeiterfamilien die besondere Aufmerksamkeit auf eine nützliche Beschäftigung der heranwachsenden Kinder und der alten und gebrechlichen Personen zu wenden, um theils ein gutes Samenkorn zu legen, theils alten und hilflosen Arbeitern und Arbeiterinnen einen Nebenverdienst zu gewähren.

Eine einfache, zugleich einigen Geldverdienst gewährende Beschäftigung der heranwachsenden Kinder der Arbeiterfamilien kann in doppelter Weise geschehen, einmal durch Arbeiten im Freien in der mildern, dann durch Arbeiten in der Stube in der kältern Jahreszeit.

Was zunächst die Beschäftigung der fraglichen Kinder in der mildern Jahreszeit anlangt, wo dieselben nach Beendigung des Schulunterrichts nur zu oft dem Müssiggang verfallen und sich deshalb Untugenden aller Art aneignen, so werde in der unmittelbaren Nähe jeden Ortes eine wenn auch verwahrloste, am besten der Gemeinde gehörende Bodenfläche von dem erfor-

derlichen Umfang ausgewählt und diese Fläche den Kindern zur
Urbarmachung und Bebauung übergeben, namentlich aber ein
Theil zu gartenmäßiger Bestellung überwiesen. Gewiß wird
sich in jedem Orte ein wohlmeinender, sachverständiger Mann
finden, welcher gegen angemessene Belohnung die Aufsicht über
die Kindergartenwirthschaft führt; gewiß werden auch Geistliche
und Lehrer durch Rath und Mitaufsicht die gute Sache unterstützen und fördern. Diese Kinderbeschäftigung wird gewiß
einen gedeihlichen Fortgang finden, wenn die Erträge des an-
gebauten Landes nach Maßgabe der geleisteten und in ein Ar-
beitsregister eingetragenen Arbeit der einzelnen Kinder an diese,
in Natur oder nach Geldwerth veranschlagt, vertheilt werden.
Gewiß würde es für die Knaben ein Antrieb zum Fleiße sein,
wenn sie eine Baumschule aus Samen anlegen, nach einigen
Jahren Stämmchen aus derselben verkaufen und den Erlös daraus
zu Sparkasseneinlagen oder zur Anschaffung von Kleidern,
Schulbüchern 2c. verwenden könnten. Gewiß würden sich die
Mädchen der Arbeit freuen, wenn jedem ein besonderes Beet
zur Bepflanzung mit Gemüse und Blumen überwiesen werden
würde. Es entquillt der Pflege von Blumen eine so eigene
Freude und Verfeinerung des Gefühls; sie reden eine so sinnige
Sprache und laden ihre Pflegerinnen so freundlich ein, ihnen
zu gleichen in Reinlichkeit, Zartheit und Anmuth, daß es sich
wirklich von selbst empfiehlt, den Kindern Gelegenheit zu geben,
diese Blumensprache öfter zu vernehmen. Wahrhaftig, Ge-
meindevorstände, welche es sich mit Ausführung dieser Kinderbeschäftigung Ernst sein lassen, legen einen bedeutenden Reserve-
fonds für das Gemeindevermögen; denn halten sie so die
Kinder von der Faulheit und von anderen Untugenden ab und
zu geordnetem Fleiß mit allen seinen Segnungen an, so brauchen

sie später nicht erwachsene Taugenichtse zu versorgen. Die
Arbeitslustigen und Arbeitskundigen werden sich im reiferen
Alter gewiß zu ernähren wissen.

Was weiter die Beschäftigung der heranwachsenden Kinder
der Arbeiterfamilien, sowie der armen Alten und Gebrechlichen,
der ersteren in den Jahreszeiten, wo die Gartenarbeiten ruhen,
der letzteren das ganze Jahr hindurch, im Zimmer anlangt,
so fehlt es daran für solche Personen keineswegs, wenn sich
nur der Gemeindevorstand und andere Freunde des Volkes
Mühe geben, sie aufzusuchen und wenn sie darin von den
wohlhabenderen Einwohnern des Ortes unterstützt werden. Letztere
können diese Unterstützung um so mehr angedeihen lassen, als
sie dann, wenn sie armen alten und gebrechlichen Personen
deren Fähigkeiten und Kräften entsprechende, den Lebensunterhalt deckende Beschäftigungen zuweisen, einer Armenabgabe
überhoben sind und dabei nur gewinnen können. Zu der-
artigen Beschäftigungen gehört nun vor Allem ein Lokal nebst
Heizung und Beleuchtung, sowie eine Person, welche die Arbeiten
vertheilt und überwacht. Ein solches Lokal ausfindig zu
machen, dürfte in keinem Orte schwierig sein, und müßte es
die Gemeinde miethen und wollte sie Miethzins sowie Aufwand für Beleuchtung und Heizung nicht aus eigenen Mitteln
bestreiten, so könnte sie den Aufwand dafür von dem wöchentlichen Arbeitslohne in Abzug bringen, ein Abzug, der bei vielen
Arbeitskräften so gering sein würde, daß er kaum in Betracht
kommen könnte. Zur Vertheilung und Ueberwachung der
Arbeiten könnte aber unter den erwachsenen Personen der An-
stalt selbst die tauglichste ausgewählt und ihr dieses Geschäft
gegen freie Wohnung, Heizung und Beleuchtung in dem Ar-
beitslokale übertragen werden. Der Einkassirung und Ver-

theilung des Arbeitslohnes würde sich der Gemeindevorstand zu unterziehen haben. Folgende Arbeiten könnten in solchen Anstalten verrichtet werden: Verfertigung von Streichhölzchen, Papparbeiten, Stroh= und Weidenruthenflechten, Holzschnitzen, Seidenraupenzucht, Spinnen, Klöppeln, Stricken, Nähen, Düten= machen, Federschließen, Kaffe= und Rosinenlesen. Durch solche Arbeitsbeschaffung könnten sich namentlich Kaufleute, Konsumvereine, Hausfrauen um derartige Anstalten verdient machen. Daß dieselben ohne Schwierigkeit auch in den Dörfern eingeführt werden können und ihren Zweck voll= kommen erreichen, lehrt die Erfahrung zur Genüge.

Zur Befestigung einer guten ökonomischen Lage der Ar= beiterfamilien läßt sich auch dadurch wesentlich beitragen, daß dieselben von ihren Arbeitgebern veranlaßt werden, Mobiliar und Vieh zu versichern.

Was die

Versicherung des Mobiliars

an Betten, Wäsche, Kleidern, Möbeln ꝛc. betrifft, so macht dasselbe für den Arbeiter den größten Theil des Vermögens aus und ist als Betriebsmittel der Wirthschaft unentbehrlich. Diese Mobilien sind aber der Verwüstung durch Brand unter= worfen. Tritt ein solcher Fall wirklich ein, so steht der Ar= beiter in der Mehrzahl der Fälle als Bettler da und er muß das, was ihm die Frau zugebracht und was er mit ihr durch jahrelangen Fleiß angeschafft hat, wieder durch Arbeit zu beschaffen suchen. Hat dagegen der Arbeiter sein Mobiliar zum wahren Werth versichert und es geht ihm durch Brand verlustig, so wird er dafür von der betreffenden Feuerversiche= rungsgesellschaft vollständig entschädigt.

Anlangend die

Viehversicherung,

so ist dieselbe für diejenigen Arbeiterfamilien, welche im Stande
sind, eine Kuh oder ein Schwein oder beide zugleich zu halten,
nicht minder wichtig, als die Mobiliarversicherung; denn neben
dem Mobiliar machen Kuh und Schwein den ganzen Reichthum
einer Arbeiterfamilie aus, indem von den Erträgnissen derselben
die wichtigsten Bedürfnisse der Haushaltung bestritten werden.
Fragt man aber: Wie wird der Familie dieser Schatz gesichert,
wie kann sie den Schaden überwinden, wenn die Kuh oder das
Schwein verunglückt? so findet man in solchen Fällen die
Arbeiter nur auf sich und auf die Unterstützung guter Menschen
angewiesen, denn sie haben keine Mittel, um den Verlust aus=
führen zu können und die Folgen davon sind Mangel und
Entbehrung auf Jahre hinaus.

Um nun solche Kalamitäten so viel als möglich von den
Arbeiterfamilien abzuwenden, sollen dieselben veranlaßt werden,
entweder unter sich einen Versicherungsband zu bilden oder den
für kleine Leute berechneten schon bestehenden Viehversicherungs=
vereinen beizutreten. Derartige Vereine gibt es heutzutage viele,
namentlich in den alten Provinzen Preußens, in Schleswig=
Holstein, Mecklenburg und Süddeutschland. Sie sind zwar
meist nur für Kühe eingerichtet, weil früher das Schwein kein
so ansehnliches Kapital repräsentirte wie gegenwärtig, lassen
sich aber sehr leicht auch auf Schweine ausdehnen. In Holstein
bestehen die s. g. Kuhgilden hauptsächlich für jene Taglöhner,
welche im Besitz einer Kuh sind. Die Distrikte, in welchen
eine einzelne Gilde sich schließt und begrenzt, sind, je nach der
Lage, eingetheilt nach Kirchspielen, Gütern, Dorfschaften oder

mehreren derselben zusammen und umfassen eine unbestimmte
Anzahl Theilnehmer. In Mecklenburg und Preußen ist es
ebenfalls Grundsatz, daß die Vereinigung nicht zu große Kreise
umfasse, theils wegen der mehreren Wechselfälle, theils um
möglichst kleine Dertlichkeiten zu haben, theils und hauptsächlich
wegen des unter den kleinen Leuten so gewöhnlichen Miß=
trauens gegen Alles, was sie nicht mit ihren Augen sehen.
Taglöhner und Deputatisten sind auch hier die Haupttheil=
nehmer an den Kuhgilden. In Süddeutschland dagegen besteht
das Institut der Kuhgilden nicht nur für die Taglöhner,
sondern auch für die kleinen Bauern, welche sich auch beider=
seitig an diesen Vereinen betheiligen. In Holstein sind die
Kuhgilden ohne behördliche oder gutsherrliche Einwirkung ent=
standen und werden von den Interessenten selbst geleitet.
Meist versieht die dabei vorkommenden Geschäfte der Schul=
lehrer als Gildeschreiber und die Sache hat ihren guten, selten
oder nie durch Uneinigkeit getrübten Fortgang. In Mecklen=
burg, wo über die Nützlichkeit der Kuhgilden auch nur eine
Stimme herrscht, ist die Einführung derselben in der Regel
von den Gutsherrschaften ausgegangen, hat meist Schwierigkeiten
gefunden und ist gewöhnlich nur da schneller geglückt, wo sie
gleichsam zwangsmäßig eingeführt wurden; dann aber haben
die Betheiligten bald auch den Nutzen dieses Instituts ein=
gesehen und sich willig gefügt. In Schleswig-Holstein be=
schränken sich die Versicherungsgilden blos auf Kühe, in Mecklen=
burg und Süddeutschland hat man auch Schweine aufgenommen.
Dort pflegen die Versicherungen nur gegenseitig zu sein, in
Mecklenburg hat man aber auch Versicherungen mit festen
Beiträgen. Dort entschädigen sich lediglich die Viehbesitzer
gegenseitig, hier pflegt der Gutsherr einen Theil des Schadens

mit zu tragen, weil sonst die Beiträge für zu hoch erachtet werden. Mag nun aber die Versicherung eine gegenseitige sein oder mögen feste jährliche Prämien bestimmt werden, immer sollte der Grundsatz im Auge behalten werden, daß, wenn es darauf ankommt, für einen Verlust zu entschädigen und Hilfe zu leisten, mit den Beschädigten nicht zu streng gerechnet werden darf, sondern daß sich die Wage stets zu Gunsten der Verun= glückten neigen muß, damit derselbe seinen Verlust vollständig wieder einbringen kann, denn sonst wären solche Versicherungen eine halbe Sache.

Man könnte gegen die Mobiliar= und Viehversicherung einwenden, daß dieselben dann von Seiten des Arbeiters nicht ausgeführt werden können, wenn sie nebenbei auch noch, wie in den vorhergegangenen Abschnitten empfohlen, sparen und Beiträge zur Kranken=, Sterbe= und Invalidenkasse liefern sollen, weil dann bei dem bescheidenen Lohne der Ausgaben zu viele würden; indeß wird bei einem nicht zu knapp bemessenen Arbeitslohne, wenn namentlich die Frau und die der Schule entwachsenen Kinder mit verdienen helfen, wenn sich die Ar= beiterfamilien der ausgiebigsten Thätigkeit und der größten Sparsamkeit befleißigen und wohlwollende Arbeitgeber sich an den empfohlenen Institutionen betheiligen, die Bestreitung aller jener Abgaben, die eine bessere materielle Existenz der Arbeiter theils für die Gegenwart, theils für die Zukunft herbeiführen sollen, ohne Zweifel zu ermöglichen sein. Es soll nicht be= stritten werden, daß dies im Anfange mit einigen Schwierig= keiten verbunden sein mag, aber einmal ein= und durchgeführt, und zwar unter Mitwirkung der Arbeitgeber und Gemeinde= behörden, werden die fraglichen Institutionen von den Arbeitern nach ihrem hohen, Werthe vollständig gewürdigt werden und man wird sie um keinen Preis wieder aufgeben wollen.

Man könnte insbesondere gegen die Mobiliarversicherung der Arbeiter einwenden, daß sich kaum eine Versicherungsanstalt finden dürfte, welche die Arbeiter als Versicherer aufnimmt, theils wegen der Geringfügigkeit der zu versichernden Summe, theils wegen der Feuergefährlichkeit der Gebäude, in denen die meisten Arbeiter wohnen, wenn sich aber für derartige Versicherungen Arbeitgeber in Verbindung mit den Gemeindebehörden bei den betreffenden Versicherungsanstalten verwenden, so unterliegt es jedenfalls keinem Zweifel, daß die Arbeiter, und vielleicht gegen sehr mäßige Prämien, in den Verband aufgenommen werden.

Von der erheblichsten Wichtigkeit ist für alle Arbeiterfamilien auch die Gründung der

Konsumvereine.

Dieselben sind eine Abtheilung der Genossenschaften, welche ganz besonders für die unbemittelten Volksklassen bestimmt sind. Die hohe Bedeutung der Konsumvereine für diese Volksklassen ist erfreulicherweise in neuester Zeit mehr und mehr gewürdigt worden, jedoch in den Städten mehr als in den Dörfern, obschon es nicht dem geringsten Zweifel unterliegt, daß sie auch in letzteren eingeführt werden und segensreich wirken können. Die Erfahrung lehrt dieses unwiderleglich.

Die Konsumvereine sind Genossenschaften, welche den Zweck verfolgen, gewisse nothwendige Lebensbedürfnisse in großen Quantitäten, von bester Qualität und zu billigen Preisen zu beschaffen. Es ist nämlich Erfahrungssache, daß der Einzelne und insbesondere der Unbemittelte, welcher seinen Bedarf

an Lebensbedürfnissen im Kleinen bei dem Kaufmann, Pro=
duktenhändler, Höker im Kleinen einkauft, stets höhere Preise
zahlen muß, als beim Einkauf im Großen, und daß trotz der
höheren Preise die Waaren theils von geringer Qualität, theils
gefälscht sind. Auch wird der Käufer nicht selten im Gewicht
benachtheiligt. Ferner ist der Einzelne oft nicht im Stande,
Gegenstände von einer gewissen Qualität, welche er wünscht,
zu beschaffen, weil sie in der Nähe nicht zu haben sind, ihr
Bezug aus größerer Entfernung aber bedeutende Ausgaben
erheischt, die er zu machen nicht im Stande ist. Hier tritt
nun die Genossenschaft vermittelnd ein. Dieselbe beschafft im
Großen und Ganzen und in bester Qualität die gebräuchlichsten
Lebensbedürfnisse und verkauft sie, richtig gewogen und gemessen,
zu, die Selbstkostenpreise nur wenig übersteigenden Preisen.
Hierdurch erzielt der einzelne Genosse einen bedeutenden
pekuniären Vortheil. Die Waaren, welche auf dem Wege der
Genossenschaft eingekauft und wieder verkauft werden, sind
solche, welche die Genossen nicht selbst erzeugen oder, was die
Arbeiter anlangt, nicht von den Arbeitgebern beziehen, also
Materialwaaren, Salz, Tabak, Cigarren, Rüböl, Petroleum,
Brennholz, Kohlen rc. Sollte die eine oder andere Ortschaft
zu klein sein, um selbstständig einen Konsumverein zu gründen,
so kann sie sich dazu mit einem benachbarten Dorfe, am besten
mit dem, in dem sich Kirche und Schule befinden, verbinden.
Die erforderlichen Waaren können dann für eine ganze Woche
bei Gelegenheit des Kirchganges entnommen oder von den
größeren Schulkindern mit nach Hause genommen werden.
　　Ein letztes Mittel, die ökonomische Lage der Arbeiter zu
verbessern, und zwar eins der vorzüglichsten, ist die

Erbauung von Arbeiterwohnungen

von Seiten größerer Arbeitgeber. Hierauf sollten dieselben ihre ganz besondere Aufmerksamkeit richten, da die Gründung einer wohnlichen Heimat für den ländlichen Arbeiter als eins der vorzüglichsten Mittel zur Verbesserung der Lage derselben, namentlich auch als Mittel gegen die Auswanderung zu gelten hat, wenn zumal zu jedem Arbeiterhause ein Garten gehört, in dem allerhand Gemüse und einige Blumen gezogen werden können. Außerordentlich groß ist der moralische Einfluß einer solchen Einrichtung auf den Arbeiter; aber auch der Arbeitgeber stellt sich durch dieselbe sehr gut. Er wird sich nämlich leicht das ganze Jahr hindurch den nöthigen Bedarf an Arbeitskräften sichern; er ist als Patriarch einer zufriedenen Arbeiterkolonie geachtet und geliebt; es umgeben ihn keine finster blickenden Proletarier, sondern ordentliche und gesittete Ackerleute und in den Stürmen der Zeit braucht er nicht vor den gierigen Händen der eigenen Arbeiter zu zittern. Neben Gesundheit, Bequemlichkeit und Raumersparniß ist bei dem Bau von Arbeiterhäusern besonders darauf Rücksicht zu nehmen, daß sich die Baukosten möglichst gering gestalten, damit der Arbeiter billig wohnt. Wird der Grund und Boden zur Baustelle und zu dem Garten billig veranschlagt und Kalkziegelbau angewendet, so dürfte sich ein Arbeiterhaus mit geräumiger Wohnstube, zwei Kammern, Küche, Keller und kleinem Stall für 300 Thlr. sehr wohl herstellen lassen.

Solche Arbeiterhäuser können auf doppelte Weise ausgethan werden, entweder als Miethhäuser zu einem Zins, welcher die fünfprocentigen Baukosten nicht übersteigt und zur Erleichterung der Arbeiter in einmonatlichen Raten bezahlt, resp. von dem Arbeitslohne gekürzt wird oder, was bei weitem vor-

zuziehen ist, zum Eigenthum der Arbeiter, so zwar, daß der
billig berechnete Kaufpreis zwar auch mit 5 Proc. verinteressirt,
aber dadurch amortisirt wird, daß zu den 5 Proc. Zinsen noch
1 Proc. Amortisationsquantum zuzuschlagen ist, so daß also
jährlich so lange, bis der Arbeiter den ganzen Kaufpreis ab=
geführt hat, 6 Proc. zu zahlen sind. Diese Bedingungen sind
gewiß für den fleißigen, sparsamen Arbeiter nicht drückend,
während sie ihm die Gewißheit geben, daß er für sich und
seine Familie eine bleibende eigenthümliche Wohnstätte gewinnt,
und zwar nach Ablauf einer gewissen Reihe von Jahren
schuldenfrei.

Solche freundliche, nette Wohnungen, welche im zweck=
mäßigen Zusammenhange zu halten sind, müssen freilich auch
in Ordnung und Reinlichkeit erhalten werden, und zwar An=
fangs durch strenge Bestimmungen von Seite des Arbeit=
gebers; später finden sich jene Tugenden ganz von selbst,
wenn der Wetteifer der Nachbarn entsteht und das Bewußtsein
einer zufriedenstellenden Lage die Arbeiter mehr und mehr
durchdringt.

Auf großen Besitzungen, welche viele nicht in der Kost
der Arbeitgeber stehenden Arbeiter und Arbeiterfamilien be=
schäftigen, können auf die angegebene Art und Weise, jedoch
noch vervollkommnet, ganze Arbeiterkolonien entstehen, wie eine
solche unter Anderem in Strazig bei Görz durch die Herren
v. Zahong hervorgerufen worden ist*). Dieselben haben neben
den nach einem System errichteten Arbeiterwohnungen auch

---

*) Beitrag zur Lösung der Arbeiterfrage durch Anlegung von Ar=
beiterkolonien. Mit Abbildungen. Separatabdruck aus der Illustr.
Landw. Zeitung. Leipzig, 1872. Verlag von Heinrich Schmidt.

5

noch folgende zu gemeinschaftlichem Gebrauch dienenden Ge=
bäude geschaffen: 1) Ein Schulhaus mit Kinderasyl, Lesekabinet
und Wohnung für den Lehrer, umgeben von einem Schul=
garten und Turnplatz. 2) Ein Bade= und Waschhaus, in
dem sich auch eine Küche zu gemeinschaftlichem Kochen befindet.
In diesem Gebäude werden warme Bäder, Fußbäder, Schwitz=
und Douchebäder der Arbeiterklasse für sehr bescheidene Preise
geboten. Das gemeinsame Waschhaus mit Trockenstube soll
der Arbeiterfamilie Gelegenheit geben, für wenig Geld so oft
als nöthig, gut und billig waschen zu können. Ebenso soll
durch die Küche den unverheiratheten Arbeitern (auch den ver=
heiratheten, wenn diese es wollen) eine gesunde und billige Kost
bereitet werden. Der Speisesaal mit einem Ofen zum Auf=
wärmen der für die Arbeiter herbeigebrachten Speisen gibt
Gelegenheit zu nicht geringer Ersparniß. 3) Ein mit einem
Spital verbundenes Invalidenhaus, um theils alten arbeits=
unfähigen, ganz mittellosen Arbeitern als Asyl für ihre letzten
Tage zu dienen, theils um plötzlich erkrankten oder verwundeten
Arbeitern schnelle Pflege zu verschaffen. 4) Ein Wach= und
Feuerhaus. 5) Ein Konsumvereinsgebäude zur Erreichung
der großen materiellen Vortheile eines Konsumvereins für die
einzelnen demselben beitretenden Arbeiter. 6) Ein Wohn= und
Kosthaus für auswärtige Arbeiter, in welchem dieselben bei
gesunder Schlafstätte, guter billiger Kost und strenger Ueber=
wachung gut verpflegt und vor dem moralischen Untergange
bewahrt werden sollen.

Von großem Interesse und der Beachtung aller Arbeit=
geber, welche ähnliche Arbeiterkolonien errichten wollen, zu em=
pfehlen, ist das Programm, welches die Herren Zähong auf=
gestellt haben. Dasselbe stellt als Grundlage der Unternehmung

folgende Momente und Ziele auf: 1) Erhaltung und Beförde=
rung der leiblichen und geistigen Gesundheit der Arbeiter und
eines geordneten, friedlichen Familienlebens derselben. In
diesen Beziehungen machen sich nothwendig: a) Die vollkommene
Isolirung der einzelnen Wohnungen für den häuslichen Frieden
in und außer der Familie, für Erziehung und sittlichen Gehalt
und zur Verhinderung der Weiterverbreitung von Epidemien.
b) Insbesondere in gesundheitlicher Rücksicht die richtige Aus=
wahl des Baugrundes, die sonnenseitige, ventilationsfähige
Anlage der einzelnen Häuser und der inneren Räumlichkeiten
derselben, vornämlich der nach dem Faßsystem eingerichteten
Aborte, die genügende Wasserversorgung, das Vorhandensein
von Gärten, schattigen Plätzen und Wegen. 2) Bequemlichkeit
und Behaglichkeit der Bewohner der Kolonie und dadurch
Erweckung der Liebe zum häuslichen Herd und Leben, zum
Gemüsebau und zur Blumenzucht. Zu diesem Behufe sind
jeder Wohnung eine besondere Eingangsthüre, eine Küche mit
Sparherd, ein Keller und Abort außer den Wohn= und
Schlafräumen zugetheilt. Dazu kommt für jedes Wohnhaus
ein kleiner Garten. 3) Wohlfeilheit der Wohnungen und Ge=
legenheit, daß dieselben in das Eigenthum der Arbeiterfamilien
übergehen können. Der Miethzins beträgt monatlich 2 1/3 Thlr.
Die Bedingungen des Eigenthumserwerbs sind im Wesentlichen
folgende: Der Kaufpreis eines Arbeiterwohnhauses nebst
Garten beträgt 1000 Thaler. Von dieser Summe sind bei
Abschluß des Kontrakts 100 Thlr. und dann monatlich
6 2/3 Thlr. bis zur vollständigen Tilgung des Kaufpreises ab=
zuzahlen. Außerdem trägt der Käufer alle mit dem Kauf ver=
bundenen Kosten, bezahlt auch die Grundsteuer und die Brand=
kassengelder. Der Kaufkontrakt wird erst dann wirklich ab=

5*

geschlossen, wenn ein Drittel des Kaufpreises gezahlt worden ist und der Käufer dann das Haus noch akquiriren will. Bis dahin kann er vom Kaufkontrakt zurücktreten, sowie der Besitzer bei nicht pünktlicher Abzahlung der einzelnen Abschlagsraten die Ungültigkeit des Kontrakts erklären kann. In beiden Fällen muß jedoch der Käufer die Miethe für die Wohnzeit des Kontrakts zahlen. Der Käufer ist als Eigenthümer ver= pflichtet: a) Haus, Garten, Hecke reinlich und in gutem Stande zu erhalten, insbesondere die Küche und den Abort jährlich, Wohn= und Schlafzimmer und Korridor alle 2—3 Jahre frisch tünchen oder malen zu lassen. b) Ohne specielle Erlaubniß des Arbeitgebers Haus und Garten nicht zu verkaufen, zu ver= miethen oder zu verändern, nie Verkaufsladen oder eine Restau= ration anzulegen. Der Käufer muß stets gute Sitte und Nachbarschaft führen. c) Ueberhaupt in allen die Reinlichkeit, Ordnung und Gesundheit betreffenden Angelegenheiten, vor= nämlich auch bei Benutzung des Spülwassers und des Inhalts der Senkgrube, sowie bei Anlage von Düngerhöfen das be= stehende Reglement gewissenhaft zu beobachten. 4) Die poli= zeiliche Ueberwachung der Ruhe, Ordnung, Reinlichkeit, Ge= sundheit, Sittlichkeit sowol in der ganzen Kolonie als in den einzelnen Häusern. Die polizeiliche Ueberwachung steht dem Arbeitgeber zu, jedoch unter Zuziehung eines Komités von fünf in der Kolonie wohnenden Familienvätern. Bei fort= gesetzten Kontraventionen gegen gute Sitte und Nachbarschaft kann nach wiederholter fruchtloser Ermahnung dem Kontra= venienten selbst der fernere Aufenthalt in der Arbeiterkolonie untersagt und ihm folgeweise der Verkauf seines Hauses aufge= geben werden. Für hervorragende Leistungen in Reinlichkeit und Ordnung im Hause und Pflege des Gartens werden alljährlich befondere Geldprämien ausgeschrieben. 5) Wenn ein Arbeiter sein Haus verkaufen will oder muß, so ist event. der Arbeit= geber verpflichtet, ihm dasselbe zum Schätzungswerthe (welcher jedoch den ursprünglichen Preis von 1000 Thlr. nicht über= schreiten darf) und gegen Ersatz erheblicher Meliorationen ab= zukaufen.

Wird auf die angegebene Art und Weise für die Arbeiter gesorgt, werden also Kleinkinderbewahranstalten errichtet; wird ein tüchtiger Unterricht in der Volksschule eingeführt; findet nach der Konfirmation obligatorischer Fortbildungsunterricht statt; werden Gemeindebibliotheken errichtet; sorgt man auf angemessene Weise für die Armen, für die verwaisten und verwahrlosten Kinder; werden die Arbeiter rationel beköstigt, gut behandelt und angemessen bezahlt; veranlaßt sich an Spar= kasse, Mobiliarbrand= und Vieh=Versicherung und Konsumverein zu betheiligen; gründet man Dienstboten=Belohnungsvereine, Kranken= und Sterbekassen, Invaliden= und Arbeitsanstalten und weist den Arbeitern freundliche, geräumige, gesunde Wohnungen mit Gärtchen an, dann werden sich schon in naher Zukunft die Arbeiterzustände wesentlich bessern, und später müssen sie sich noch günstiger gestalten, wenn erst die Anstalten für Unterricht und moralische Erhebung ihre Früchte tragen werden. Man wende nicht ein, daß diese Maßregeln zu weit aussehend sind, daß sie zu viel Zeit und Mühe und zu große Opfer verur= sachen — pflanzt man ja das Bäumchen auch in der Voraus= sicht, daß es erst später Früchte tragen wird; ist ja doch im Leben nichts ohne Aufwand an Zeit, Mühe und Opfern zu erzielen; werden ja gar nicht selten Zeit, Mühe und Geldauf= wand auf Gegenstände verwendet, die sie nicht werth sind. Gerade in der fraglichen hochwichtigen Angelegenheit, hochwichtig für Arbeitgeber und Arbeiter, darf nichts gescheut werden, was zu einem gedeihlichen Ziele führen kann, denn es hängt davon nicht nur das Wohl und Wehe der Arbeiter, sondern auch die Zufriedenheit der Arbeitgeber, die Rente, ja selbst der Bestand der Gutswirthschaften ab!

Ich habe bisher nur Arbeitgeber und Gemeinden in das Interesse für Besserung der Arbeiter und Arbeiterzustände gezogen, weil staatliche Einmischung durchaus nicht erwünscht ist. Nur für einige wenige Fälle dürfte dieselbe in Anspruch zu nehmen sein. Sie betreffen die gutsherrliche Polizeigewalt, die Freizügigkeit, die Arbeiter-Agitatoren und die Verwendung von Soldaten bei der Ernte.

Was zunächst die

Gutsherrliche Polizeigewalt

anlangt, so sollte dieselbe überall da, wo sie noch besteht, aufgehoben werden, denn sie paßt nicht mehr für unser Zeitalter der Humanität und des Fortschritts; sie ist nicht eine der geringsten Ursachen theils des Arbeitermangels, theils der Verschlechterung der Arbeiter. Diese Beschuldigung ist zwar hart, aber sie ist im Allgemeinen wahr. Man braucht nur nach Mecklenburg, Pommern, Posen, Ost- und Westpreußen zu gehen, wo die gutsherrliche Polizeigewalt noch in alter Blüte steht (in den altpreußischen Provinzen wird sie glücklicherweise durch die Kreisordnung in kürzester Zeit beseitigt werden), um zu sehen, wie sie daselbst gehandhabt wird und welche Früchte sie trägt. Sie wird in sehr vielen Fällen nicht ausgeübt auf Grundlage der Gerechtigkeit und Milde, sondern mit Willkür, Härte, ja Barbarei und in solchem Fall ist der Arbeiter nicht mehr Mensch, sondern ein Arbeitsthier. Diese Willkür, diese Härte, diese Rohheit, welche an das Mittelalter erinnern, verursachen ganz

folgerichtig Arbeitermangel, weil sie in hohem Grade die Aus=
wanderung begünstigen und, insoweit die Arbeiter auf der
Scholle festgebannt sind, ein Verhältniß zwischen Arbeit=
gebern und Arbeitern, welches beiden Theilen nichts weniger
als frommt. Wo die gutsherrliche Polizeigewalt auf solche
Weise ausgeübt wird, da geschieht auch nichts für die sittliche
Erhebung und Erstarkung der Arbeiter, nichts für eine Ver=
besserung der ökonomischen Lage derselben. Eine Aenderung
hierin kann nur herbeigeführt werden, wenn von Seite der
Staatsgewalt das mittelalterliche Institut der Polizeigewalt
aufgehoben wird.

Anlangend die

Freizügigkeit,

so soll gegen dieselbe an und für sich kein Einwand erhoben
werden; vielmehr ist sie als ein großer Fortschritt im Volks=
leben zu preisen. Was man aber dem betreffenden Gesetz mit
vollem Recht zum Vorwurf machen kann, ist, daß es zu radikal
verfährt, indem es die Freizügigkeit nicht blos begünstigt, son=
dern eine Mobilisirung namentlich der Arbeiter geflissentlich
hervorruft, wodurch das platte Land entvölkert wird, während
die großen Städte übervölkert werden. Die nächste Folge hier=
von ist dort Arbeitermangel und selbst Entwerthung des Landes,
hier Wohnungsnoth und hohe Miethpreise. Am meisten hat
unter dem Abzug der Arbeiter von dem platten Lande nach
den Städten der Landwirth zu leiden. Derselbe weiß nicht
mehr, wie er auch nur die nothwendigsten Arbeiten bewältigen
soll und der Arbeitermangel bringt ihm Verluste über Verluste
und verleidet ihm den Betrieb.

Es fragt sich nun, ob und wie diesem Abfluß der Arbeits=

kräfte von dem platten Lande nach den Städten einigermaßen Einhalt gethan werden kann? Die Frage ist in ihrem ersten Theile zu bejahen, in ihrem zweiten Theile dahin zu beant= worten, daß das fragliche Gesetz eine Modifikation erleiden muß. Während nämlich jeder, welcher vor dem Erscheinen des Freizügigkeitsgesetzes seinen Wohnort wechselte, ein festgesetztes Einzugsgeld, resp. Bürgerrechtsgebühren an die Gemeindekasse zu entrichten hatte, sind durch das fragliche Gesetz diese Ge= bühren bis auf ein ganz geringfügiges Schreibegeld aufgehoben worden, so daß selbst der Aermste seinen Wohnsitz beliebig än= dern kann. Die damit verbundene Kostenlosigkeit trägt jeden= falls nicht wenig zu dem bedeutenden Zuzug in die großen Städte bei; derselbe könnte und würde nicht unwesentlich ver= ringert werden, wenn wieder nicht allzugering bemessene Ein= zugsgelder dekretirt würden, die in die Ortsarmenkassen fließen könnten. Die landwirthschaftlichen Arbeitgeber sollten darauf abzielende Petitionen bei dem Reichstage einreichen.

Die Staatsregierungen sollten endlich ernstlicher als bis= her gegen die

Agitatoren

oder Arbeiterverführer, faule oder verkommene Leute, welche auf Kosten der Arbeiter in Deutschland herumreisen und durch Reden die Arbeiter aufwiegeln, einschreiten. Diese Leute pre= digen laut nicht nur den destruktiven Socialismus, sondern auch den Kommunismus. Nach letzterem soll an Stelle des jetzt be= stehenden gesellschaftlichen Zustandes, in welchem die Anerkennung der Individualität jedes Einzelnen und des sich darauf basirenden Privateigenthums gilt, eine allgemeine und bleibende, für Alle bindende Gütergemeinschaft gesetzt werden. Aufhebung der

Ungleichheit der Güter und Herstellung eines für alle Men=
schen gleichen Zustandes hinsichtlich der äußeren Lebensverhält=
nisse ist daher der Zweck, welchen die Kommunisten verfolgen.
Hervorgegangen durch den Zwiespalt, welcher nicht nur Reiche,
sondern auch Wohlhabende von den Armen trennt, besonders
durch die schwellende Masse des Proletariats, welches ohne
genügenden Kapitalbesitz nicht im Stande ist, eine unabhängige
Existenz zu erringen, vermeint der Kommunismus durch Her=
stellung des den jetzigen Principien der Gesellschaft geradezu
entgegengesetzten Prinzips die mißliche Lage des Arbeiterstandes
zu beseitigen. Nach Thiers ist dem Kommunismus Sparsamkeit
ein Fehler, sogar ein Verbrechen. Der Kommunismus zerstört
die Arbeit, die Familie, die Freiheit. Wenn der Reiz zur Ar=
beit, das Eigenthum, vernichtet wäre, so würden sich die Pro=
dukte der Arbeit reißend vermindern und Hunger und Elend
müßten sogleich zu Tage kommen. Die Kommunisten nehmen
dem Menschen die Selbstbestimmung, die Vernunft, sie stellen
ihn in die Reihe der mit Instinkt begabten Thiere. Der ver=
ständige Mensch will nicht blos für die Menschheit leben und
arbeiten; zuerst gehört er sich und seiner Familie, dann erst
seinem Volke und zuletzt der Menschheit.

Kaum minder verderblich sind die Lehren der Social=
demokraten. Die Grenze zwischen Kommunismus und destruk=
tivem Socialismus ist, bei der gleichen Unbestimmtheit ihrer
Begriffe, schwer anzugeben und die Verschiedenheit beider Leh=
ren erschweren dieses noch mehr. Der destruktive Socialismus
geht gleich dem Kommunismus von dem Princip der Gleichheit
Aller aus, aber während der Kommunismus, nach dem reinen
Schema des Nebeneinanderbestehens der Einzelnen, die Ver=
theilung der Güter und allgemeine Gleichheit fordert, will der

destruktive Socialismus — welcher ursprünglich meist in idealer
Weise nur eine Reform des socialen Lebens anstrebte — jetzt
zunächst die Alleinherrschaft der Arbeit, ein Güterleben in Staat
und Gesellschaft, und indem so Jeder für die gleiche Arbeit
auch gleiche Vortheile und gleiches Wohlbefinden beanspruchen
darf, kommt diese Sorte Socialismus zuletzt gleichfalls in
seinen Konsequenzen zu einer Gemeinsamkeit aller Verhältnisse
und einer vollständigen Aufhebung des persönlichen Eigenthums.
Nach Thiers will der destruktive Socialismus die natürliche
Ungleichheit unter den Menschen auf Umwegen ausgleichen.
Durch Association, durch Gegenseitigkeit und durch das Recht
auf Arbeit suche er zum nämlichen Ziele wie der Kommunis=
mus zu gelangen: zur Entwerthung und zuletzt zur Aufhebung
des Eigenthums. Die Verhältnisse der arbeitenden Klassen
hätten sich in den letzten Zeiten durchgehends bedeutend ver=
bessert; unglücklicherweise seien aber ihre Bedürfnisse noch mehr
gewachsen als ihre Hilfsmittel und sie vermeinten, daß sie nur
durch die Mängel der Gesellschaft verhindert seien, es zu Etwas
zu bringen. Die Schreier nach Socialreform reizten die wirk=
lich Leidenden im Volke auf, übertrieben die Uebel und ließen
sie unerträglich erscheinen.

Durchaus unpraktisch sei schon die Bestimmung, allen
Arbeitern in einem Geschäft den gleichen Lohn zu geben. Der
Eine arbeite mehr und besser als der Andere, und jener ver=
diene ohne Zweifel ermuthigt und ausgezeichnet zu werden.
Diejenigen, welche die Konkurrenz verdammten, wollten die
Fähigkeiten des Menschen ersticken, ihn zurückhalten im Arbeiten,
im Erfinden, damit er den Andern nicht überhole, und doch
bringe nur die Nacheiferung den Menschen und die Menschheit
vorwärts. Der Konkurrenz habe man die wichtigsten Verbes=

serungen und Erfindungen zu verdanken, ihr schulde das kon=
sumirende Publikum die Wohlfeilheit der Waaren. Die social=
demokratischen Agitatoren, weit entfernt die wahren Freunde
der Arbeiter zu sein, seien nur die Schmeichler derselben, deren
sie sich bedienten zum Verderben der Mißbräuche selbst. Das
Recht auf Arbeit, welches die Socialdemokraten forderten, sei
chimärisch, denn der Staat könne nicht für die jedem Einzel=
nen anständige oder angemessene Arbeit, nicht für eines Jeden
Lebensunterhalt sorgen; er würde nur Faullenzer bezahlen,
welche ihn um den Lohn betrögen. Die ganzen Bestrebungen
der Socialdemokraten liefen nur darauf hinaus, das Eigen=
thum aufzuheben, und doch sei dasselbe der Grundpfeiler,
auf dem jeder civilisirte Staat ruhe und auf dem sich das
Staatsgebäude nur erhalten könne. Das Eigenthum und der
Werth desselben wachse mit der Civilisation; je barbarischer
ein Volk sei, desto weniger bedeutend und geachtet sei das in=
dividuelle Eigenthum. Der Mensch, nackt geboren, könne er=
werben durch Arbeiten, durch anhaltendes, verständiges Arbei=
ten; er werde aber nicht arbeiten, wenn er die Früchte seines
Fleißes nicht genießen könne. Ueberall, wo das Eigenthum
nicht geschützt sei, herrsche Unkultur, und selbst der Einzelne,
der sich Reichthümer zu erwerben gewußt habe, setze sie nicht in
Umlauf, sondern verberge sie, damit sie ihm nicht geraubt
würden. Wie nun die Fähigkeiten des Menschen sein eigenstes
Eigenthum seien, ein ebenso heiliges Eigenthum müßte auch
das Produkt dieser Fähigkeiten, der materielle Erwerb sein,
wenn nicht Elend, Rohheit und Unwissenheit das Loos der
Menschheit sein solle. Die Fähigkeiten der Menschen seien un=
gleich, also auch der Erwerb; auch bei vollständigster politischer
Gleichheit werde der Eine mehr, der Andere weniger erwerben,

der Eine reich oder wohlhabend, der Andere arm sein; diese
Ungleichheit der Anlagen und der Dauer des Besitzthums sei eine
Einrichtung der Natur. Und thue denn der, welcher viel ar=
beite und infolge dessen viel verdiene, Jemand Unrecht, und wel=
ches Interesse hätte die Gesellschaft ihn daran zu hindern? Gewiß
keins, und sie würde, wenn sie ihn daran hinderte, unsinnig han=
deln, denn sie würde dadurch ohne allen Nutzen die Erzeugnisse
der Arbeit und des Bodens, die Masse der den Menschen nützlichen
oder nothwendigen Dinge vermindern. Die Gesellschaft müsse
im Gegentheil wollen, daß viel producirt werde und könne nicht
verhindern wollen, daß der, welcher in dieser Weise viel arbeite,
dadurch wohlhabend werde, denn je mehr von Bedürfnissen
producirt werde, desto wohlfeiler würden dieselben und desto
mehr Wohlstand sei vorhanden, der auch dem Aermsten zu gut
komme. Nur der Erwerb von Eigenthum sei der Sporn zur
Arbeit und Jeder müsse über das Erworbene frei verfügen
können. Blos dadurch und durch die Vererbung des Vermögens
auf die Kinder werde das Eigenthum vollständig und ein fort=
dauernder mächtiger Antrieb zur Arbeit. Das vollständige Be=
sitzrecht sei der einzige Trieb für den Menschen zur Arbeit;
damit aber dieser Trieb nicht erlahme, habe die Gesellschaft
das Eigenthum erblich gemacht, auf daß Jeder, indem er durch
seine Arbeit sein und seiner Familie Wohl fördere, unablässig
für das Glück der Menschheit thätig sei. Würden die von den
Socialdemokraten vorgeschlagenen Mittel, den Armen zu helfen,
ausgeführt, so werde das Elend wachsen und die Lage der Ar=
men verschlimmert werden in demselben Maße, als der Ueber=
fluß der Einzelnen abnehme und der Verbrauch von Luxus=
gegenständen geringer werde. Der Gewinn für die Unternehmer
sei im Durchschnitt so gering, daß im Allgemeinen zuletzt nur

der Arbeiter, welcher seinen sicheren Lohn habe, und der Kon=
sument, welcher wohlfeil einkaufe, gewinne. Und dann werde
ja auch der Arbeitgeber nicht dadurch reich, daß er seine Um=
gebung arm mache, sondern im Gegentheil, diese zehrten von
seinem Reichthum, und wenn er nicht durch seine Unterneh=
mungen und Arbeiten den allgemeinen Wohlstand vermehrt
und den Leuten Verdienst gegeben hätte, so würden sicherlich
die Armen noch ärmer sein. Uebrigens seien die Begriffe über
den Reichthum sehr überspannt; im Allgemeinen gebe es nur
wenig wirklich reiche Familien. Würde man diesen das Ver=
mögen nehmen, so würde es, auf Alle vertheilt, völlig verschwin=
den. Gewiß lebe der Arbeiter heute weniger elend als vor
100 Jahren. Er nähre und kleide sich besser, wohne gesünder
und sei weniger von ansteckenden Krankheiten und Hungersnoth
heimgesucht, als vor Zeiten. Dies komme aber nur von dem
Eifer, den man angewendet habe, um wohlhabend zu werden;
man zerstöre den Reichthum, und die Arbeit werde aufhören
und das Elend beginnen. Die Erwerbung von Vermögen trage
keine Unbilligkeit gegen Andere in sich; es werde dadurch Nie=
mand verkürzt, denn der Reichthum diene zur Erhaltung Aller,
diene dazu, die besten Produkte der vollkommensten Arbeit zu
bezahlen, mache die Wohlthätigkeit möglich und, durch die Ar=
beit erworben und durch den Müssiggang wieder vergeudet,
übe er die untrüglichste Gerechtigkeit, indem er den Menschen
nach seinem Verdienst belohne und bestrafe. Grundsatz sei:
Der unzerstörbare Grund des Eigenthumsrechtes ist die Arbeit.

Es erhellt aus Vorstehendem, wie unheilbringend die Leh=
ren der Kommunisten und Socialdemokraten sind, und das um
so mehr, als sie Leuten vorgetragen werden, denen alle und
jede volkswirthschaftliche Bildung abzugehen pflegt und welche

deshalb um so mehr Alles für wahr halten, was ihnen die
Agitatoren vorschwatzen, weil jenen eine sehr wesentliche Ver=
besserung ihrer ökonomischen Lage in sichere Aussicht gestellt
wird. Bei der großen Verderblichkeit der Lehren jener reisen=
den Agitatoren nicht nur für die der Verführung leicht zugäng=
lichen Arbeiter, sondern auch für die Gesammtheit des Volks,
ist es Pflicht der Staatsgewalt, jeder Ausschreitung, welche in
dieser Beziehung vorkommt, mit allen ihr zu Gebote stehenden
Mitteln entgegenzutreten, die den Kommunismus und destrukti=
ven Socialismus predigende Presse zu zügeln, die reisenden
Agitatoren scharf zu überwachen, die sogenannten Volksver=
sammlungen sofort aufzulösen, wenn in ihnen staatsgefährliche
Lehren vorgetragen werden, die Agitatoren beim Kragen zu
nehmen und ihnen ebenso wie den Redakteuren der socialdemo=
kratischen Blätter, wenn sie sich der Preßfrechheit schuldig ma=
chen, in Anklagezustand zu versetzen und empfindlich zu bestrafen.
In manchen deutschen Ländern geschieht hierin leider zu wenig;
man läßt die Volksverführer ruhig gewähren, die Arbeiter sy=
stematisch verführen, weil man vermeint, daß solche Agitatio=
nen ihr Heilmittel in sich selbst fänden. Wenn diese Ansicht
aber auch richtig sein sollte, so ist doch zu bedenken, wie
groß die Schädigung ist, welche mittlerweile Arbeiter und Ar=
beitgeber erleiden. Es ist aber auch der Fall leicht möglich,
daß das in Rede stehende Uebel immer weiter um sich greift,
sich immer mehr befestigt und daß schließlich eine Arbeiter=
revolution entsteht, welche nur durch die Gewalt der Waffen
niedergeschlagen werden könnte.

Sollte sich trotz Ausführung der in Vorstehendem em=
pfohlenen Mittel, oder, wenn dieselben bei Ermangelung der
Gemeinsamkeit nicht zur Ausführung gelangen, die Arbeiter=

misère nicht zum Bessern gestalten, dann haben die Arbeitgeber zu ihrem selbsteigenen Schutz die bereitesten Mittel anzuwenden. Dieselben bestehen hauptsächlich in der Gegenkoalition, in der Anschaffung von Arbeiter ersparenden Maschinen und in einer der Sache entsprechenden Reform des Betriebs.

Gegenkoalition.

Wenn sich die Arbeiter verbinden, um ungerechtfertigte Lohnforderungen zu stellen und, wenn diese Forderungen von den Arbeitgebern nicht bewilligt werden, strifen, die Arbeit ein= stellen, so ist das sicherste Gegenmittel, daß sich sämmtliche Ar= beitgeber eines Landes oder einer Provinz vereinigen, um einen Gegendruck auszuüben. Diese Vereinigung kann insbesondere den Zweck haben, alle diejenigen Arbeiter, so lange der Strike dauert, nicht in Dienst zu nehmen, welche sich an der Arbeits= einstellung betheiligen. Von welchem großen Erfolg eine solche Gegenkoalition ist, lehrt der Vorgang der Tischlermeister bei Gelegenheit der jüngsten Arbeitseinstellung der Tischlergehilfen in Berlin.

Man könnte zwar gegen diesen Vorschlag einwenden, ein= mal, daß Dienstboten, da sie sich auf ein ganzes Jahr vermie= then, gar nicht in der Lage seien, den Dienst aus einem nicht gerechtfertigten Grunde innerhalb der Kontraktzeit zu verlassen, und dann, daß bisher in Deutschland nur vereinzelte Fälle vorgekommen seien, wo Taglöhner und Akkordarbeiter gestrikt hätten; diese Einwände würden aber keine Berechtigung haben. Selbst wenn Arbeitseinstellungen von Seiten der landwirth= schaftlichen Arbeiter bis jetzt in Deutschland noch nie oder doch sehr selten vorgekommen sein sollten, schließt dies doch nicht aus, daß sie schon in allernächster Zeit vorkommen können, zu=

mal die reisenden Agitatoren jetzt auch die landwirthschaftlichen Arbeiter bearbeiten. Für solche Fälle könnte es nur rathsam sein, wenn sich die Arbeitgeber bei Zeiten zusammenthäten, um einen Gegendruck auszuüben, welcher aus dem Grunde nicht ohne die gewünschten Folgen sein würde, als Dienstboten, Tag= löhner und Akkordarbeiter in der Regel nicht weit wandern, sondern anderweit Arbeit in der Nähe ihrer bisherigen Station suchen. Die Lust zum Striken würde ihnen unfehlbar vergehen, wenn sie wüßten, daß es heißt Koalition gegen Koalition, wenn sie sich sagen müßten, daß sie infolge dessen im ganzen Lande oder in der ganzen Provinz kein anderweites Unterkommen finden würden.

Gegen das Verlassen des Dienstes von Seiten der Dienst= boten innerhalb der verabredeten Dienstzeit steht übrigens dem Arbeitgeber noch ein anderes Mittel zu Gebote, das ist eine veränderte Lohnzahlung. Es müßte hiernach überall die Ein= richtung getroffen werden, daß der Lohn für das erste Quartal gleichsam als Kaution innebehalten wird und daß derselbe zu Gunsten des Arbeitgebers verfällt, wenn der Dienstbote seinen Dienst innerhalb der kontraktlich bestimmten Dienstzeit aus Gründen verläßt, die nicht als gerechtfertigt in der Dienstboten= ordnung verzeichnet sind.

Ausgiebigste Anwendung von Maschinen.

Die Anwendung von Maschinen in der Landwirthschaft ist, auch abgesehen von Arbeitermangel und hohen Löhnen, an= gezeigt, da ein großer Unterschied zwischen der kostspieligen und langsamen Handarbeit und den wohlfeilen und schnellen Lei= stungen der Maschinen ist, der Landwirth also bei Anwendung von Maschinen billiger producirt, wodurch die Rente erhöht wird. Aber geradezu zur Nothwendigkeit wird die Maschinen-arbeit da, wo entweder Mangel an Handarbeitern ist oder wo die Löhne so in die Höhe geschraubt sind, daß bei denselben der Arbeitgeber kaum bestehen kann. In solchen Fällen treten die Maschinen vermittelnd ein; insbesondere gilt dieses von Säe-, Mähe-, Heuwende-, Aehrensammel-, Kartoffel- und Rü-benausgrabe-, Dresch-, Reinigungs-, Zerkleinerungsmaschinen, Dampfpflügen. Dieselben ersparen nicht nur Menschen-, sondern auch Thierkräfte, letztere besonders dann, wenn mehrere Ma-schinen zusammen gleichzeitig durch eine Dampfmaschine in Bewegung gesetzt werden. Weiter wird an Menschen- und Thierkräften wesentlich erspart durch solche Maschinen und Ge-räthe, welche zu einer und derselben Zeit verschiedenen Zwecken dienen oder wenn zwei Maschinen mit einander verbunden sind, um gewisse Arbeiten mit einer Operation zu vollenden, z. B. Maschinen, welche gleichzeitig dreschen und reinigen, solche, die Häcksel schneiden und schroten, Drillpflüge, welche gleichzeitig pflügen und säen, Eggenpflüge, welche ackern und eggen, Pflüge, welche wenden und den Untergrund lockern, Säemaschinen, welche gleichzeitig den Samen ausstreuen und unterbringen, andere welche gleichzeitig Samen und Dünger ausstreuen und beide mit Erde bedecken, Dibbelmaschinen, welche die Samen-löcher stoßen und die Samen hineinlegen ꝛc. Eben weil die Maschinen die Arbeiten verwohlfeilern und viele derselben besser ausführen, als es durch die Hand des Menschen möglich ist, bezahlen sie sich sehr bald, und deshalb kann die Kostspieligkeit ihres Ankaufs kein Grund sein, sich ihrer nicht zu bedienen, zumal für diejenigen Wirthe, welche Mangel an Kapital zur selbsteigenen Anschaffung von größeren Maschinen haben, der Ausweg der Association geboten ist, auf dem sich mehrere oder

6

sämmtliche Wirthe eines Ortes zum gemeinschaftlichen Ankauf und gemeinschaftlichem Gebrauch der einen und anderen Maschine vereinigen. Auch ist jetzt Gelegenheit geboten, von Unternehmern gewisse Arbeiten, z. B. das Dreschen und Reinigen der Körnerfrüchte, mittelst Dampfdresch= und Reinigungsmaschinen, sowie das Pflügen, Grubbern rc. mit Dampf um Lohn ausführen zu lassen oder die betreffenden Maschinen zu miethen. Man kann in Wahrheit sagen, daß die Maschinen die besten Freundinnen der Landwirthe bei Arbeitermangel und übertrieben hohen Arbeitslöhnen und in diesen Beziehungen nicht genug zu würdigen sind.

Veränderter Betrieb.

Derselbe kann sich theils auf einzelne Operationen, theils auf das ganze System erstrecken.

In erster Beziehung läßt sich an Arbeitern und Löhnen ersparen, wenn man z. B. die Produkte der Wiesen und Futterfelder nicht in Grünheu, sondern in Braun= oder Sauerheu umwandelt.

Gilt es, das ganze System zu ändern, so darf man freilich keinen Rückschritt machen, nicht, wie in neuester Zeit von mehreren Seiten empfohlen worden ist, von dem intensiven Betrieb zum extensiven übergehen, denn das hieße das Kind mit dem Bade ausschütten. Arbeitermangel und hohe Arbeits= löhne bedingen auch durchaus nicht den extensiven Betrieb, sondern nur eine Einschränkung, resp. ein gänzliches Aufgeben des Anbaus solcher Fruchtarten, welche ein großes Maß von Gespannen und Arbeitern in Anspruch nehmen. In erster Linie gilt dieses von manchen Handelsgewächsarten, insbesondere von Lein, Hanf, Hopfen, Tabak, Mohn. Es kann aber

auch die Einschränkung des Körner=, namentlich des Getreide=
baus und der Kartoffelkultur geboten sein, wenn zur Ernte
derselben die Menschenhände fehlen, wie dieses häufig in
der Nähe großer Städte und Fabrikorte der Fall zu sein
pflegt. Man könnte hiergegen einwenden, daß Verminderung
und noch mehr gänzliches Aufgeben des Anbaus solcher Frucht=
arten, welche viel Handarbeit erfordern, nicht in Einklang zu
bringen sei mit einem rationellen und lohnenden Wirthschafts=
betriebe; aber diese Maßnahme ist von zwei Uebeln das kleinste,
und deshalb soll und darf man sich nicht bedenken, in der an=
gegebenen Art vorzugehen, zumal man an Stelle der ganz auf=
zugebenden oder zu vermindernden Fruchtarten solche wählen
kann, welche den Reinertrag einer Wirthschaft mindestens nicht
sinken lassen. Dieses gilt ganz besonders von dem Futterbau
in Verbindung mit der Viehzucht. Wird ersterer ausgedehnter
betrieben und letztere angemessen erweitert, so wird der Rein=
ertrag nicht nur nicht sinken, sondern steigen.

Man könnte namentlich gegen den Rath, den Getreidebau
einzuschränken und dafür den Futterbau zu erweitern, den Ein=
wand erheben, daß diese Maßregel die schlechtest gewählte sei,
um dem Arbeitermangel zu begegnen, weil durch sie die Ge=
treideproduktion geschmälert und der Preis des Getreides er=
höht werde; abgesehen aber davon, daß sich jeder selbst der
nächste ist, daß der Producent zunächst dafür sorgen muß, daß
er selbst sein Auskommen habe, ehe er daran denken kann, im
Interesse anderer zu wirken und zu schaffen, ist auch jener Ein=
wand an sich unhaltbar, und zwar in doppelter Beziehung.
Muß man auch zugeben, daß, wenn der Futterbau ausgedehn=
ter betrieben wird, eine Schmälerung der Fläche für den Ge=
treidebau stattfindet, so ist doch eine nothwendige Folge davon

6*

keineswegs verringerte Getreideproduktion. Man muß nur
bedenken, daß die Flächen, welche mit Futterpflanzen angebaut
werden, sich wesentlich verbessern; sie werden schattiger, feuchter,
reiner, lockerer gehalten und durch den Rückstand der Wurzel-
stöcke nicht unbedeutend befruchtet. Dazu kommt, daß ein er-
weiterter Futterbau in seinem Gefolge nothwendig vermehrten
Viehstand hat und daß sich mit dem vermehrten Dünger, der
daraus erwächst, die düngerbedürftigen Flächen öfter und stär-
ker düngen lassen; öftere und stärkere Düngung hat aber stets
reichlichere Ernten zur Folge. Vermehrter Futterbau und ein
der Fläche nach verringerter Getreidebau bringt also nicht nothwendig verminderte Getreideproduktion mit sich, sondern die
Getreideproduktion kann und wird mindestens ebenso groß sein
als früher, wo man den Getreidebau auf größerer, den Futterbau auf kleinerer Fläche betrieb.

Wenn aber auch wirklich durch den vermehrten Futterbau
die Getreideproduktion geschmälert werden würde, so wäre dies
für den deutschen Landwirth ganz unbedenklich, und zwar aus
dem Grunde, weil bei der mächtigen Konkurrenz des Auslandes
der Getreidebau schlecht rentirt, weshalb der deutsche Landwirth,
auch ganz abgesehen von Arbeitermangel und hohen Arbeitslöhnen, gezwungen ist, den Getreidebau der Fläche nach einzuschränken.

Neben gleich großer Körnerproduktion hat aber der vermehrte Futterbau nicht nur geringere Bestellungs- und Ernte-
kosten, also wesentliche Geldersparnisse für die Producenten im
Gefolge, sondern er vermittelt auch noch den großen Vortheil,
daß die Erzeugnisse der Viehzucht, insbesondere der Milch- und
Fleischviehzucht, erheblich gesteigert und dadurch die Märkte mit
den so nothwendigen Lebensmitteln an Milch, Butter, Käse,

Fleisch, Fett reichlicher versorgt werden. Die vermehrte Pro=
duktion thierischer Nahrungsmittel ist aber deshalb von dem
wesentlichsten Belang für den Landwirth, weil mit denselben
das Ausland nicht zu konkurriren vermag und weil sie stets gesucht
sind und infolge dessen hoch bezahlt werden. Deshalb liefern
auch in unseren Tagen — und jedenfalls noch auf lange Zeit
hinaus — Futterbau und Viehzucht dem deutschen Landwirth
die höchsten Reinerträge theils an sich, theils durch Ersparung
an Arbeitslohn, und aus diesem Grunde ist die fragliche Be=
triebsweise die rationellste.

Das Verfahren, den Handelsgewächs= und Getreidebau
einzuschränken und dafür Futterbau und Viehzucht ausgedehnter
zu betreiben, ist nicht nur an und für sich ganz unbedenklich, son=
dern er kann selbst zur innern Nothwendigkeit werden. Ja, es las=
sen sich Fälle nicht nur denken, sondern sie kommen wirklich vor, wo
der fast ausschließliche Futterbau in Verbindung mit einem ausge=
dehnten Betriebe der Viehzucht geboten ist. Solche Fälle sind ge=
geben in der Nähe großer Städte und bedeutender Fabrikorte,
wo in der Regel für den Landwirth empfindlicher Mangel an
Arbeitskräften ist, die Produkte der Viehzucht aber schnellen
und lohnenden Absatz an die Städter und Fabrikarbeiter fin=
den, ein Handel, welcher — beiläufig gesagt — sowol für die
Producenten als für die Konsumenten weit vortheilhafter ist,
als wenn jene genöthigt sind, ihre Waaren ins Ausland zu
verkaufen, diese aber ihren Bedarf davon aus der Ferne be=
ziehen müssen.

Verwendung der Soldaten zu den Erntearbeiten.

Da es, wie erwähnt, nicht möglich ist, daß der Landwirth
alle Arbeiten mit Maschinen verrichten kann, da er vielmehr,

namentlich zur Beschickung der Ernte, viele Menschenhände be=
darf, so ist es unzweifelhaft um so mehr Pflicht des Staates
hier aushilfsweise einzutreten, als derselbe hauptsächlich die
Schuld trägt an dem so nachtheilig wirkenden Mangel an land=
wirthschaftlichen Arbeitern, und zwar einmal durch das in
nichts beschränkte Freizügigkeitsrecht, dann durch den ausge=
dehnten Eisenbahnbau, endlich aber und vornämlich durch die
massenhafte Einstellung der ländlichen Arbeiter in das Militär.
Hinsichtlich des letzten Punktes soll dem Staate durchaus kein
Vorwurf gemacht werden; denn eine starke, stets marsch= und
schlagfertige Armee kann Deutschland so lange, als Frankreich
mit Revancheideen schwanger geht, nicht entbehren; wol aber
kann man an den Staat das Verlangen mit Recht stellen, daß
er zur Erntezeit, und zwar vom 15. Juli bis 15. Oktober, so
vielen dem landwirthschaftlichen Arbeiterstande angehörenden
Soldaten Urlaub ertheilt, daß dem Mangel an Arbeitskräften auf
dem platten Lande einigermaßen gesteuert wird. Wir halten dies
sogar für eine Pflicht des Staates, nicht nur den Landwirthen,
sondern dem Gesammtvolke gegenüber, insofern, als eine recht=
zeitige und gute Beschickung der Ernte von hoher volkswirth=
schaftlicher Bedeutung ist; die rechtzeitige und gute Beschickung
der Ernte sichert die Erträge derselben in Quantität und Qualität und ist selbstverständlich nicht ohne Einfluß auf die Frucht=
preise.

www.ingramcontent.com/pod-product-compliance
Lightning Source LLC
Chambersburg PA
CBHW031444270326
41930CB00007B/863